南京师范大学中国教育改革与发展研究院研究成果
江苏省教育科学规划重点课题(B/2022/01/21)研究成果

机遇与应对

——智能时代教育变革研究

赵磊磊　闫志明　著

中国矿业大学出版社
·徐州·

图书在版编目(CIP)数据

机遇与应对:智能时代教育变革研究 / 赵磊磊,闫志明著. —徐州:中国矿业大学出版社,2022.11

ISBN 978-7-5646-5599-0

Ⅰ.①机… Ⅱ.①赵… ②闫… Ⅲ.①教育改革—研究—中国 Ⅳ.①G521

中国版本图书馆 CIP 数据核字(2022)第 211379 号

书　　名 机遇与应对
——智能时代教育变革研究
Jiyu yu Yingdui
——Zhineng Shidai jiaoyu biange yanjiu

著　　者 赵磊磊　闫志明

责任编辑 姜　翠

出版发行 中国矿业大学出版社有限责任公司
(江苏省徐州市解放南路　邮编 221008)

营销热线 (0516)83885370　83884103

出版服务 (0516)83995789　83884920

网　　址 http://www.cumtp.com　**E-mail**:cumtpvip@cumtp.com

印　　刷 广东虎彩云印刷有限公司

开　　本 710 mm×1000 mm　1/16　**印张** 13.25　**字数** 230 千字

版次印次 2022 年 11 月第 1 版　2022 年 11 月第 1 次印刷

定　　价 58.00 元

前言

PREFACE

随着机器学习、知识工程、自然语言处理、人脸识别、语音和图像识别等智能技术的快速发展及其在教育领域的广泛、深入应用，教育人工智能已成为目前我国教育创新发展的热点议题。人工智能这类变革性技术应用于教育活动中，可能会产生相应的数据风险和伦理问题，并使教育主体产生技术焦虑。因此，思考智能技术应用于教育教学过程中所带来的各类风险问题，探讨智能时代的教育大变局，及时应对各类风险问题，是一个值得诸多教育人士与研究人员审慎思考研究的议题。本书内容按照人工智能技术带来的风险问题与其对教育教学的助益分为以下几个板块：数据篇、学校篇、教师篇、伦理篇，探讨人工智能应用于教育活动中带来的具体风险问题与治理路径。

数据篇，主要探讨数据风险与治理路径。人工智能技术的教育应用催生了形态各异的教育数据记录，同时带来了数据信息不准确或不完整、数据监管不严、数据应用失范、数据隐私泄露等可能的风险问题。智能时代，在5G、区块链和人工智能等技术支撑下，教育数据的收集、存储、运算、分析、共享等将被带入新的历史发展时期，相应的教育数据风险治理也面临新的挑战与机遇。由此，本篇对教育数据风险治理的实然困境与实践路径进行剖析，期望能够尽可能挖掘教育数据的潜在价值，有效推进教育数据治理。

学校篇，主要探讨智能技术对校园建设的助益。校园作为教育活动展开的主要环境，关注智能技术对校园的推动作用，有利于建设智能时代的智慧校园。本篇研究发现，伴随着人脸识别、智能感知等技术在学校教育教学中的广泛、深入应用，智慧校园建设有了更多可能性，人工智能不断增强着学校教育竞争力。怎样以人工智能技术赋能智慧校园建设，进而提升学校教育竞争力，值得进一步思索与探讨。为此，本篇尝试分析人工智能场域下智慧校园的建设框架与学校竞争力的提升路径，期望为学校的创新发展提供价值参照。

教师篇，主要探讨人工智能时代教师的角色焦虑与转型路向。人工智能、5G 等新技术已对教师的职业角色形成了巨大冲击，不可避免地将取代教师部分重复性、低创造性的工作，教师和其他教育利益相关者应不断调整自身的身心状态以适应人工智能技术和产品，并顺应其发展，由此产生的部分教师的人工智能焦虑现象已引发广泛关注。另外，智能技术也对传统“师严道尊”的师生关系造成了危机，如何缓解教师的角色焦虑与技术焦虑，明晰智能时代师生关系转型走向值得关注。本篇尝试探讨智能时代教师角色变革与转型的表征形式与现实挑战，并提出角色焦虑与技术焦虑的消解路径，以期为人工智能场域下教师角色转型提供价值参照。

伦理篇，主要探讨现存教育伦理问题与解决路向。作为技术形态或产物，人工智能在实践中面临众多技术伦理问题。例如，数据茧房、数据泄露和恶意竞争等人工智能伦理问题已经引发了诸多学者关注。虽然当前人们逐渐认识到日益严峻的人工智能伦理风险问题，但人们采取行动降低人工智能伦理风险的能力仍需进一步加强。有鉴于此，本篇尝试深入剖析教育人工智能伦理的内涵、困境及其治理路径，并提出以责任伦理这一新视角来应对教育人工智能伦理风险，期望为后续教育人工智能伦理的理论与实践发展提供参照。

本书能够顺利完稿，有赖于著者所在研究团队的群策群力。本书由著者设计研究思路和框架，明确观点与结论并最终修订成稿。博士研究生张黎、张铭锐在收集整理文献资料和文字校对等基础性研究工作方面提供了诸多帮助，展现了较高的研究素养。硕士研究生蒋馨培、江玉凤等在统稿阶段协助著者完成通读书稿、校正格式和订正错误等工作，展现了严谨的学术态度。在此，著者向各位学生致以谢意。另外，书后所附参考文献是本书重点参考的论著，在此特向本书中引用和参考的已注明和未注明的图书、期刊、报纸等的作者表示诚挚的谢意。本书虽经多次修改完善，但不足之处在所难免，敬请各位专家和读者不吝指正。

著　者

2021 年 8 月

目 录

CONTENTS

数 据 篇

学 校 篇

教 师 篇

伦 理 篇

数据篇

Chapter of Data

本篇主要探讨了数据风险与治理路径,共有三章。其中,第一章为智能时代与教育数据风险治理。该章从教育数据风险及其治理的内涵诠释入手,梳理了教育数据风险治理的历史发展脉络,剖析了智能时代教育数据风险治理的实然问题,并在此基础上总结了智能时代教育数据风险治理的实践路径。第二章为人工智能赋能学校数据治理。该章首先提出问题,其次梳理了人工智能赋能学校数据治理的基本逻辑和现实挑战,最后提出了人工智能赋能学校数据治理的实践路向。第三章为智能时代教育数据伦理风险。该章系统阐释了教育数据伦理风险的基本内涵与典型表征,总结了智能时代教育数据伦理风险治理的现状、问题,提出了智能时代教育数据伦理风险的治理路径。

第一章

智能时代与教育数据风险治理

智能技术与数据的逻辑关系是教育数据服务取得较好成效的核心和关键。智能技术的教育应用虽然催生了不同形态的教育数据记录,但也存在数据信息不准确或不完整、数据监管不力、数据隐私泄露等方面的风险问题。有鉴于此,有必要剖析教育数据风险治理的实然困境,提出相应的实践路径,以期释放教育数据应用活力,有效推进教育数据治理。

第一节　教育数据风险及其治理的内涵诠释

一、教育数据风险的内涵诠释

信息技术服务的产生与数据价值的释放紧密相关。信息技术具有明显的“双刃性”，其存在方式具有不确定性与风险性。教育数据存储、采集、共享等技术尽管有助于释放教育数据的潜在价值，但同时也会催生一些风险和误区。如若这些风险和误区得不到妥善处理与解决，教育数据的巨大价值便无法有效发挥。在此背景下，教育数据隐私安全及多方利益主体围绕教育数据采集、应用而产生的竞合关系（例如，教育数据的产权归属与开放共享的关系等）成了社会各界关注的焦点。在教育数据风险的梳理上，多位学者基于不同视角对教育数据风险的具体类型进行了界定。例如，肖君指出，教育数据风险主要包括行政数据和学习过程数据两种数据集合的风险；数据在采集、存储、共享、使用和监管中的风险；数据在政府教育部门、学校、企业、学生等各方利益主体间流动中的风险；数据在各利益相关方行使权利和承担责任中的风险①。王娟等基于数据管控的视角，提出教育数据存在管理、存储、共享、发布等方面风险②。王正青等则聚焦于教育数据的质量风险，认为数据质量管理是教育数据有效运用的关键③。由此，结合既有教育数据风险的相关研究可将教育数据风险概括为教育数据监管风险、教育数据侵权风险、教育数据质量风险、教育数据服务风险等四个方面。

第一，教育数据监管风险。教育数据的长期保存、组织、维护、管理和再利用是数据监管的重点任务④。教育领域数据监管失位问题频发，引发了社会对于大数据时代教育数据监管问题的关注。例如，线上考试前试题库数据信息非法泄露事件屡屡见诸媒体，反映出当前教育数据监管存在失位问

---

① 肖君.教育大数据[M].上海：上海科学技术出版社，2020.

② 王娟，杨现民，郑浩，等.大数据时代教育政务数据开放的风险分析及防控策略研究[J].中国电化教育，2020(6)：95-103.

③ 王正青，但金凤.大数据时代美国教育数据质量管理流程与保障[J].现代远程教育研究，2019，31(5)：96-103，112.

④ 蔚海燕，卫军朝.国外高校数据监管项目的调研与分析[J].图书情报工作，2014，58(22)：38-47.

题。这意味着教育数据的采集、保存、管理、维护、分析、共享等过程需要有效的教育数据监管体系予以规制。一方面，教育数据体系结构和集成过程涉及多重项目。在教育数据存储与集成期间，大量教育数据被转换、重组、结构化、清理并分配到单个结构中。如若缺乏有效的数据监管机制，这些不同类型的数据移动和更改则可能引发数据损坏与丢失风险。另一方面，数据安全监管的缺位，可能会导致教育数据流转、共享、决策的无序，进而加剧数据泄露、数据滥用等风险。

第二，教育数据侵权风险。大数据时代，伴随着数据规模、种类和更新速度的增加，教育数据侵权问题日益严重。加之我国地方政府对于公民教育数据隐私保护的法律法规建设尚不完善，教育数据侵权风险已成为教育领域数据风险的重要表现。一方面，通过数据采集技术和多样化、泛在式的信息传感设备，教育管理者、教育研究者以及商业机构很容易获取用户全过程的教育活动轨迹、行为内容及其家庭状况、社会交往情况等个人信息，由此引发的隐私权侵犯问题可能会极大损害教育用户的身心发展。另一方面，一些数据安全问题（例如，恶意电子邮件攻击、木马病毒攻击、黑客技术侵入等）频发，对学校教育数据资产所有权与许可权产生巨大冲击，继而引发强烈的侵权隐患与社会恐慌。

第三，教育数据质量风险。教育数据质量风险是指因教育数据的准确性、完整性、一致性、可用性不高而引发的数据风险。在教育领域，教育数据存储、采集与共享等方面的技术仍然还不够成熟，教育数据质量也因存储空间限制、采集方式单一、共享质量偏差等问题而备受质疑。例如，教育部门常常采取个人信息去标识的方法避免个人身份信息泄露。但是，经过去标识处理的教育数据集容易丢失部分关键信息。另外，也有因数据传输渠道不通畅、传输信息失真等引发的数据信息丢失问题，严重降低了教育数据的完整性与可用性，增加了教育管理者、教育研究者等提取有用信息的难度，亦极大程度阻碍了原始教育数据集挖掘、分析、应用的扩展。

第四，教育数据服务风险。依据教育数据分析结果制定科学的教育数据服务方案，助力教育决策由经验驱动转向数据驱动，是教育数据挖掘的目标。但是，在教育数据服务方案的生成过程中，规则算法束缚自由选择、数据预测服务剥夺自主决策等风险始终存在。一方面，依托海量教育数据，学习预判服务的精确度进一步提升，但也在一定程度上禁锢了学习者自由选择的权利和机会，制约着学习者的主观能动性与自主探究能力。另一方面，基于大数据的教育决策不可避免地存在人文元素缺失、数据更新滞后等风险，较难系统、动态捕捉师生等群体的教育诉求与反馈建议。

二、教育数据风险治理的概念厘定

随着大数据在教育领域应用的不断深化，教育数据风险治理成为学界关注的热点。数据风险治理是数据治理的一个子集。教育数据风险治理的范畴聚焦于围绕数据风险本身的若干领域，同时兼具数据治理的若干特性。例如，教育数据风险治理有赖于多治理主体（政府、社会、企业等）协同参与，也需要在治理主体间构建具有一定约束力的行动框架与法则。数据一词具有多种标准，且来源不一，学界尚未明确界定教育数据风险治理的内涵。本书的相关研究需要从数据治理的学理界定层面以及内涵诠释层面进行概念界定。

国际数据治理研究所于 2004 年提出，数据治理是针对数据相关事务的决策和权责，说明谁（who）在什么情况（what）下采取什么方法与行动（how）来进行数据相关决策。国际数据管理协会认为，数据治理是对数据行使权利和控制的活动的集合①。随后，数据治理被广泛运用到企业、政府、教育等方面的理论研究与实践探讨中。尤其是在教育领域，伴随着隐私泄露、恶意攻击等教育数据风险的增长，教育数据风险治理成为学界关注的热门议题。

教育数据风险治理涉及治理主体、治理客体和治理工具，是数据管理机构、数据管理人员、信息技术人员、学校管理人员、教师、学生、家长等治理主体应用政策、标准、规范、指导方针和技术手段等治理工具，消解教育数据在监管、侵权、质量、服务等方面风险（治理客体）的系统性过程。教育数据风险治理框架见图 1-1。

第一，教育数据监管风险治理。一方面，教育数据监管要对教育数据存储、管理、安全等进行全方位监管，力求跨越整个数据生命周期。当引入新的教育数据体系或优化原有教育数据体系时，有必要对新旧教育数据体系间统一与集成的全过程进行监测，进而保障教育数据存储与管理质量。另一方面，教育数据监管组织的建立极具必要性，这有助于厘定不同治理主体

① 李青，韩俊红. 数据治理：提升教育数据质量的方法和途径[J]. 中国远程教育，2018(8)：45-53，80.

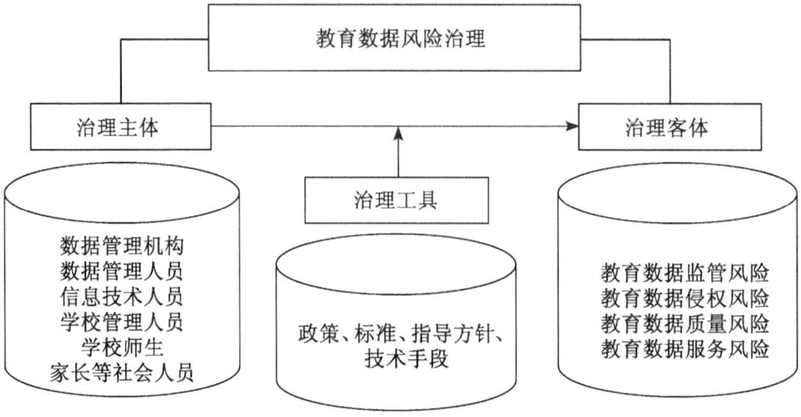

图 1-1　教育数据风险治理框架

间教育数据监管的内容与责任，保障教育数据监管过程中有效的信息沟通和策略商定，实现有组织的教育数据监管。

第二，教育数据侵权风险治理。在教育领域，数据隐私、机密性、访问权限以及法规和合同要求至关重要，围绕数据隐私、数据敏感、数据控制权等方面开展教育数据侵权风险治理是保障不同群体信息安全的关键举措。一方面，为判定是否产生了教育数据侵权行为，有必要对教育数据侵权的边界予以界定。另一方面，应致力于突破数据加密、分布式编程框架、细粒度访问控制等关键技术，并构建教育数据法规问责体系与容灾备份机制，为教育数据资产与权利保护提供技术保障。

第三，教育数据质量风险治理。教育数据质量风险治理通常涉及对教育数据采集质量、教育数据完整性及教育数据可用性的审查。受狭隘思维影响，部分学生出于主观目的刻意隐瞒自身真实情况，部分学校因利益需求而谎报相关数据，部分教育主管部门数据更新滞后、数据管理效率不高等问题[①]均有可能造成教育数据质量风险。治理教育数据质量风险，重在协商制定全系统问题的治理方案，明晰监测教育数据质量的优先事项，了解教育数据利益相关者的动态需求，确定教育数据质量保障的责任边界、决策方案和跨主体行动框架。

① 胡弼成，邓杰.大数据时代的教育变革：挑战、趋势及风险规避[J].教育科学研究，2015(6)：29-34.

第四,教育数据服务风险治理。不可否认,基于教育数据为深度学习、教育管理、教育研究提供更优质便捷的服务理应成为教育信息化变革的重要趋势。但应注意的是,基于数据挖掘与分析而生成的服务方案实际上为用户提供了预设好的行动路径,这使得教育用户的自主决策权和主动性可能被科学主义至上的教育数据服务所裹挟。另外,过分推崇甚至依赖教育大数据,将不可避免地阻碍学生自我意识、批判反思能力和创造性品质的形成。鉴于此,如何从算法技术优化、主体性价值取向确立、伦理原则嵌入等方面实现教育数据服务的健康发展,成为影响教育数据价值激发的关键因素。

第二节　教育数据风险治理的历史变革

信息技术变革具有阶段性,信息技术的历史变革催生了具有不同特征的社会时代。从以集中存储技术、早期移动通信技术、个人计算机为支撑的信息时代,到以大数据、物联网为支撑的数字时代,再到以 5G、人工智能为支撑的智能时代,教育数据来源与应用方式均存在差别,相应的教育数据风险治理也存在显著差异。系统梳理教育数据风险治理的历史发展脉络,有助于积累教育数据风险治理的典型经验,明晰教育数据风险治理的现实问题与未来进路,推动教育数据风险治理的可持续发展。教育数据风险治理的历史脉络主要分为发展萌芽期、探索发展期和战略转型期三个阶段。教育数据风险治理的历史变革见图 1-2。

一、信息时代:教育数据风险治理的发展萌芽期

教育数据风险治理萌芽于人们对"信息安全"的关注。20 世纪 70 年代,个人计算机、移动通信技术和互联网的出现意味着信息时代的到来,信息数量、信息传播速度快速增长的同时,危害信息安全的事件频发,信息安全问题引发了学界和社会的广泛关注。此外,随着数据库技术的兴起与广泛应用,"数据风险防范"与"信息安全防护"之间产生了密切关联,"数据安全"逐渐成为信息安全领域不可或缺的内容。该阶段,数据一般集中存储在传统数据库中,且数据量相对有限,人们对数据的认识停留在维护数据安全、管理数据的阶段,主要任务是确保数据不被攻击者非法入侵和获取,维护导出

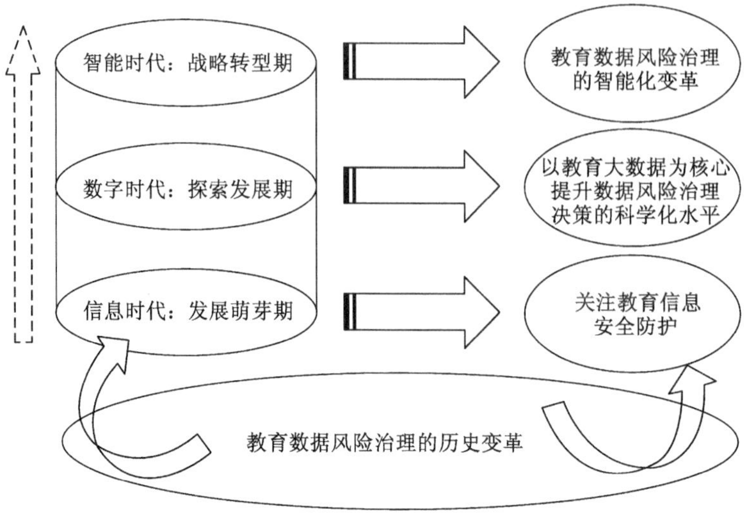

图 1-2　教育数据风险治理的历史变革

结果的完整性和准确性①。

与此同时，信息安全评估问题受到了多个国家的重视，它们纷纷通过制定信息安全标准、完善立法来系统评估信息安全状况。例如，美国于 1974 年颁布的《隐私法》和日本于 2003 年颁布实施的《个人信息保护法》。可以说，信息时代尽管还没有明确提出教育数据风险治理的理念，但如何防护信息技术（IT）系统、如何防范个人信息泄露、如何防止商业企业机密泄露等信息安全问题开始受到人们关注。教育数据风险治理主要依附于教育信息安全防护的话语体系得以存在。这意味着信息时代教育数据风险治理尚处于发展萌芽期，教育数据的巨大价值还没有被深入挖掘，数据资产的理念还未得到深入贯彻，与教育数据相关的风险问题尚未得到教育管理者、教师、学生等群体的高度重视。此外，受教育数据采集、处理等方面的技术局限，教育数据同质性过高、体积过大、管理混乱、更新速度过慢等问题始终存在，这导致了教育数据风险治理的效率与规范程度不高。

① 孟小峰，王雷霞，刘俊旭. 人工智能时代的数据隐私、垄断与公平[J]. 大数据，2020，6(1)：35-46.

二、数字时代:教育数据风险治理的探索发展期

2010 年以后,随着大数据技术的迅猛发展及其在教育领域的广泛应用,信息时代逐渐过渡到数据时代①,数据治理逐渐从信息治理中分化出来成为一个独立的领域。与之对应的是,教育数据风险治理也逐渐从教育信息安全的领域框架中分离出来,成为教育数据治理的重要内容,这标志着基于数据挖掘、数据分析等技术的教育数据风险治理进入了探索发展期。数字时代的教育数据风险治理密切结合了教育领域信息安全与教育大数据两方面内容,改变了信息时代无序、低效、分散的教育数据风险治理模式,形成了以教育数据库和数据网络系统为主要治理情境的有序、高效、可靠的治理模式。

我国在从信息时代向数据时代转变的过程中,开始关注教育数据风险治理问题,以应对日益变化的社会需求②。2010 年,我国开始数据治理方面的研究,该方面的研究涉及数据的监护、策展与管护等内容,数据风险治理理念也逐渐开始对教育领域产生深远影响。2015 年,中国代表团在巴西会议上正式提出数据治理的新工作项目的建议,该建议得到了与会专家一致通过③。这时期,教育数据风险治理的需求变得日益迫切,越来越多的学校、大数据研究中心、大数据建设项目等开始关注教育数据风险的预警与消解策略。尽管数据时代的教育数据风险治理尚处于探索发展期,但融合了"互联网+"、教育大数据等诸多技术与理念的教育数据风险治理是我国在教育治理工具转型方面的重要尝试与探索,为我国教育治理提供了新思路④。

三、智能时代:教育数据风险治理的战略转型期

近年来,自然语言处理、语音识别、图像识别等智能技术取得重大突破,在全球掀起了人工智能浪潮,人类社会步入智能时代。业内有些专家认为,

---

① 张明英,潘蓉.《数据治理白皮书》国际标准研究报告要点解读[J].信息技术与标准化,2015(6):54-57.

② 王正青,但金凤.大数据时代教育大数据治理架构与关键领域:以美国肯塔基州、华盛顿州与马里兰州为例[J].现代教育技术,2019,29(2):5-11.

③ 同①.

④ 刘金松.数据治理:高等教育治理工具转型研究[J].中国电化教育,2018(12):39-45.

2017年为人工智能的“应用元年”。随着人工智能、区块链、5G、云计算、物联网等技术在教育领域的深度应用，融入智能技术的教育数据风险治理进入了智能时代的战略转型期。一方面，传统教育数据分析能力滞后，许多数据收集后并未得以充分利用，而智能时代的到来，极大地提升了教育数据的采集与分析效率。基于智能算法、5G等技术，可实现师生教学行为的精准识别、教学需求的动态定位、教学轨迹的智能反馈等。另一方面，智能时代教育数据高速产生与流转，其不仅涉及广泛多样的数据源，还包括越来越多的实时、详尽的关系型教育大数据，如何利用人工智能、大数据等技术实现“言谈”“举止”等若干相关数据信息的智能挖掘与合规流动，存在较大难度与风险。

智能时代的教育数据风险治理应结合师生教育画像、行为特征、教育规律的深度挖掘与智能分析，针对不同情境、不同对象生成教育数据风险的针对性治理方案。5G、云技术与智能教育的整合将加速教育数据的生成、更新与共享，更高开放性的教育数据系统架构将对教育数据风险治理提出更为严峻的挑战，教育数据风险治理变革面临战略转型期。一个具有跨学科解释力的核心概念——智能时代教育数据风险治理应运而生。该概念可用来表述面向智能时代的教育场域数据风险治理，并逐渐凸显智能化、个性化等多重属性。处于战略转型期的教育数据风险治理不仅搭上了智能教育时代的快车，而且也将助力传统教育数据治理的工具、方式与模式实现智能化变革，从而充分激发教育领域的数据智能和数据潜能。

第三节　智能时代教育数据风险治理的实然困境

治理一词寓意“依理而治”，其不仅强调多元参与民主管理之意，也有凸显治理主体依据情理、道理、法理与伦理规约治理客体之意。从教育数据风险治理的分类来看，如前文所述，对于教育数据风险（教育数据监管、侵权、质量及服务风险）这一治理客体的治理成为教育数据风险治理的核心关注点。基于此，本节主要从教育数据监管风险治理、教育数据侵权风险治理、教育数据质量风险治理、教育数据服务风险治理等四个方面梳理与剖析智能时代教育数据风险治理的实然困境。

一、教育数据监管体系的跨主体协同度较差

新兴智能技术融入教育领域后所产生的教育数据具有复杂性与多维性的特点，而当前信息技术监管职能部门单一主体承担教育数据监管责任的旧模式明显滞后于智能时代教育数据的高速生成与流通，多元主体的协作监管架构亟待建立。如何在教育数据全生命周期中实现智能化协同监管，成为教育数据监管风险治理的一大难题。目前，大多是专门的数据监管机构与人员负责教育数据的采集、存储、集成、共享等过程的监测与审查工作，其他群体对于教育数据归属、教育数据产权、教育数据使用等方面的理解与认知存在一定程度的缺失，教育数据监管意识与监管能力不佳。同时，当前教育数据监管体系的跨主体协同度较差，跨平台、跨系统的教育数据监管框架尚需完善，教育数据管理的一致性亟待提升，数据监管的智能活力尚待进一步激发。上述问题已成为困扰教育数据风险及时预警与有效控制的关键因素。此外，不同教育数据治理主体的数据监管权责不够明确，数据监管的技术手段落后，教学数据报表分析、教育舆情分析、实体画像分析、教育数据异常监测等的工作效率不高。如何通过实现教育数据监管风险治理的有机协同，推进教育数据监管体系的智能发展，破除教育数据割裂、教育数据垄断、教育数据窃取等现实问题，尚待进一步探索。

二、教育数据隐私防护机制与法规体系缺位

在教育数据财产化与资源化的背景下，数据经济本身呈现出一种复杂的权益矛盾：在教育用户与经营者之间，用户具有控制个人数据隐私的需要，而经营者对于用户的个人信息亦有数据化利用的需要，即通过对用户个人信息的收集和加工来形成某种教育数据资产。在智能时代高速化、联通性的数据流动“难以控制”的情形下，若缺乏对隐私数据的机制与法律保障，则有可能造成数据风险隐患①。一方面，教育数据隐私防护机制尚待建立健全。智能时代的教育数据信息具有数量大、来源复杂、开放程度高、智能处

① SAUGMANN R，MÖLLER F，BELLMER R. Seeing like a surveillance agency? Sensor realism as aesthetic critique of visual data governance[J]. Information，communication & society，2020，23(14)：1996-2013.

理以及信息获得和其使用结果之间相关性弱等特征，如果没有完善的教育数据隐私防护机制对相关技术与制度进行系统规划，则极易引发师生信息、教育研究数据、教育政务数据在产生、存储、转移和使用过程中遭受非法盗取等教育数据安全问题，从而加大教育数据侵权风险的治理难度。另一方面，教育数据的法律规范亟待加强，如何在立法层面对教育数据采集、分析、共享等实行有效规约，成为智能时代教育数据侵权风险治理的现实难题。尤其是跨主体的教育数据智能共享使得数据所有权难以界定，是以充分保护个人数据隐私为优先对教育用户数据设立财产权，还是以教育数据资产增值为优先赋予数据收集实体以产权，尚未在立法层面进行明确界定。

三、数据筛选与传输偏差控制缺位制约教育数据质量改进

数据质量管理一直是教育数据治理中的薄弱环节。智能时代数据体量急剧扩大，非结构化数据猛增，数据筛选与传输偏差控制缺位已成为困扰教育数据质量改进的重大挑战。在数据筛选偏差控制方面，对于可识别的个人资料数据、聚合数据、去识别数据以及匿名数据等不同类型数据，当前的数据筛选机制尚难以清晰辨识相应的数据隐私边界。各类教育数据管理机构在对数据集进行去标识化与匿名处理时，往往在数据风险治理中模糊不同类别数据的敏感度，使得某些教育数据因不恰当的去标识化与匿名处理而出现教育数据不完整、价值低等质量风险。在数据传输偏差控制方面，智能时代的教育数据传输存在跨域割裂、数据流速较快、流向不明等若干隐患。教育数据管理机构对教育数据共享权限、信用与责任的划分不够科学等多种因素制约了教育数据传输偏差风险的有效化解，使得部分有价值的教育数据信息在数据传输过程中遭遇信息失真问题，从而对促进教育数据质量改进产生了阻碍作用。

四、基于人文立场的数据服务伦理秩序亟待构建

智能时代的教育数据服务机制将教育视为一种数据驱动下的算法的运用，教育被不断地进行编码化和算法化处理，以计算学生的知识掌握程度、情感偏好、思维倾向以及能力态度等。智能时代教育数据的来源与去向具有复杂性与不确定性，由此生成的教育数据服务方案虽然致力于秉承技术理性认识论去审视与计算教育数据服务的增值，进而满足师生等教育用户

的个性化服务需求，但是此种个性化服务需求的满足易陷入不确定的伦理困局。人与人、人与技术、人与数据等主体间的伦理关系将不可避免地受到强烈冲击。由此，教育数据服务机制理应受到伦理准则的规制与伦理秩序的约束，否则，基于数据与算法的教育数据服务可能会走向对技术理性与科学主义的偏执追求，罔顾教育本身的人文属性及价值。有关智能时代教育数据服务伦理标准及原则的探讨由来已久，而由于未能形成其一致性定义，不同的分析者及治理群体在实际的治理过程中对于教育领域数据伦理的含义解释与向度厘定存在较大差异，基于人文立场的数据服务伦理秩序尚待建立。这不仅使得教育数据服务在践行过程中极易产生与教育追求相背离的危害与风险，亦在一定程度导致缺乏伦理规范参照的教育数据服务风险治理举措流于形式。

第四节　智能时代教育数据风险治理的实践路径

面向智能时代，当前我国教育领域数据风险治理尚处于关键的战略转型期。面对教育数据风险治理困境，未来教育数据风险治理依然任重道远，将智能理念有效嵌入教育数据风险治理领域，并将算法和计算机器变为实现数据防护、隐私保护的“利器”，是实现智能时代教育领域数据风险治理体系与能力现代化的可行之道。基于此，本节为回应智能时代教育领域数据风险治理实然困境的破解议题，有针对性地提出智能时代教育数据风险治理的实践路径(见图 1-3)。

一、构建智能化教育数据监管体系，推动教育数据风险预警与化解

面对不同群体教育数据监管意识等方面存在的巨大差异，传统的教育数据监管职能部门单一主体承担教育数据监管责任的旧模式显然已不符合智能时代教育数据监管风险的治理逻辑。智能时代教育数据监管是多方联动的动态过程，多种类型教育数据风险的化解亟须基于跨主体协同的教育数据监管体系予以保障。为此，亟须构建智能化教育数据监管体系，推动教育数据风险预警与化解。首先，在教育数据监管体系结构方面，教育行政部门可针对区域教育数据库建设的实际情况与发展需求，携手组建区域教育数据监管小组，明确划分与规范各监管方的教育数据监管权限、责任与义

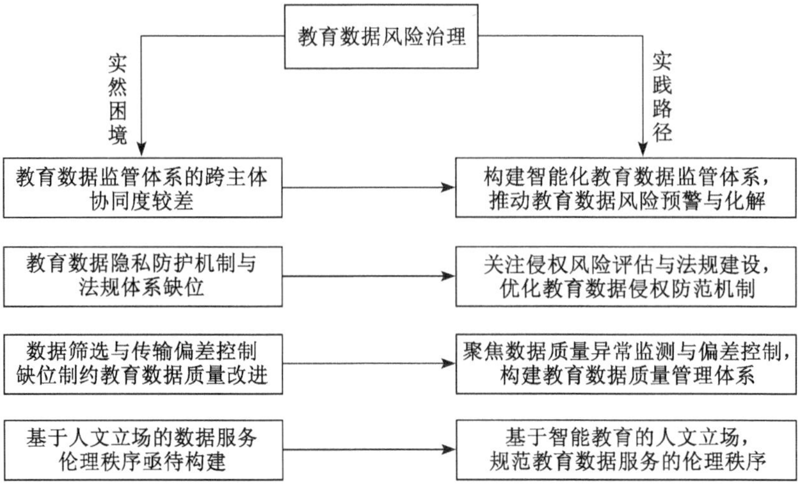

图 1-3　智能时代教育数据风险治理的实践路径

务。另外，学校层面应积极响应政府教育数据监管要求，携手建立可精准预警与化解各类教育数据风险的校本化数据监管团队。其次，在教育数据监管体系功能方面，教育行政部门、学校等治理主体应基于机器学习、智能统计引擎、图像识别等智能技术，实现教育数据风险捕捉、识别、定性，并对其可能性的危害结果与诱因进行系统性分析，实现教育数据风险的及时排查与预警，并基于大数据分析功能实现教育数据风险治理方案的动态生成。

二、关注侵权风险评估与法规建设，优化教育数据侵权防范机制

当前，有关教育数据的法律法规体系尚需深入建设，教育数据产权归属界定模糊，个体教育数据隐私控制权与多方主体利益需求的矛盾愈发激烈，使得教育数据的应用过程存在极大的侵权隐患。同时，随着智能时代教育数据资产战略地位的日益显现，教育数据采集实体之间对用户教育数据的争夺形式也愈演愈烈。在此过程中，由商业利益等驱动的教育数据获取行为应由教育数据隐私法律法规予以规范。根植多方数据利益需求，制定教育数据法律法规，建立健全基于教育数据风险评估的隐私防护机制，也是对教育数据利益博弈的规范化调控。首先，在侵权风险评估层面，一方面，应对教育数据资产风险(安全漏洞、环境安全等)进行评估，并对不同风险发生

的可能性和潜在损失进行分类，对不同响应等级的数据风险采取分类控制的治理举措①。另一方面，应构建敏感数据安全存储与传输机制。对于师生个人身份信息、学生行为偏好等敏感数据的安全传输，应通过强密码和多级用户认证或加密电子邮件来完成，并确保所有网站都采用数字证书予以保护。其次，在法律规章层面，应完善教育数据隐私保护、学生互联网安全保护等关涉教育数据侵权风险防范的法律法规，通过法律条文明确限定教育数据生命周期的管理战略与方法，规范数据定期监测和审查活动，确定教育数据抽取、集成与应用的愿景、目标与方式，厘清教育数据监测系统、分析平台、评估机制等方面的问题。

三、聚焦数据质量异常监测与偏差控制，构建教育数据质量管理体系

智能教育的发展需以高质量、高价值的教育数据集为重要基础，面对智能时代教育数据的高速生成、体量激增、动态数据处理难度加大等特点，亟须聚焦数据质量异常监测与偏差控制，构建教育数据质量管理体系，有效防范因教育数据质量问题而引发的数据风险。首先，在质量异常监测方面，教育行政部门、学校可与第三方教育数据质量评估机构展开合作，可依托自然语言处理、自适应学习等智能技术，建立教育数据质量异常排查、监测模型、技术路线。同时，通过数据专员的人工审查弥补智能化检测的错漏，综合鉴定教育数据质量异常的风险等级与主要诱因。其次，在质量偏差控制方面，教育数据风险治理主体应合理设定教育数据采集、筛选与传输标准，避免过度清除师生关键的个人数据信息，且应着手建立教育数据质量偏差控制机制，确定教育数据质量偏差控制的方案。在教育数据质量偏差纠正过程中应关注数据挖掘、清洗与填充的“度”，避免教育信息失真与消解教育数据误差。

四、基于智能教育的人文立场，规范教育数据服务的伦理秩序

依照技术伦理的观点，虽然教育数据服务的价值负载属性会产生相应的伦理效应，但此种伦理效应的好坏应当取决于人们对于这种伦理后果的

① 王娟，杨现民，郑浩，等. 大数据时代教育政务数据开放的风险分析及防控策略研究[J]. 中国电化教育，2020(6)：95-103.

伦理自觉与价值取向。倘若忽视对教育数据服务进行价值校准与伦理调适,那么单纯依靠智能算法的教育数据服务会将教育变成一个完全被数据、算法操控的世界,而传统教育所秉持的人文立场和育人属性将难以得到充分彰显。为此,要立足智能教育的人文立场,规范教育数据服务的伦理秩序。其一,智能教育须坚守教育的人文价值,避免数据霸权主义,以此来认知并解放人类自身的本质,且当下的紧要任务是建立基本的伦理规约与准则,避免教育数据服务的道德失范,约束利益相关方的行为、实现利益相关方的道德自律①。其二,立足教育数据服务的育人本位,精准定位智能时代教育数据的伦理属性,合理厘定教育数据服务的伦理困境与盲区,从而制定与实施教育数据服务伦理风险的识别与归正方案。政府、教育行政部门、学校、师生等均应依据相应的伦理风险识别与归正方案,贯彻立足人文人性的教育逻辑,推动校本化教育数据伦理风险调控机制的构建,促进学校教育数据在教育管理、教研活动、学生发展等层面的合规化应用,彰显教育数据服务伦理的人文关怀之美。

第五节　小　　结

在深入推进"十四五"教育信息化发展规划的关键时期,教育数据风险治理为教育大数据环境改善、教育信息化安全防范乃至教育现代化发展提供了实现契机。纵向审视教育数据风险治理的历史发展脉络,其之所以能够从发展萌芽期到探索发展期再到战略转型期,与信息技术的更迭密不可分,且随着信息技术的智能化升级,教育领域数据风险治理逐渐呈现出更多"类人"属性。促使智能时代教育数据风险治理超越唯技术视角,利用数据资源、数据资产更好地为教育教学服务理应成为教育信息化发展的重要趋势。但就当前状况而言,教育领域数据风险治理仍然面临一系列现实困境:教育数据监管体系的跨主体协同度较差、教育数据隐私防护机制与法规体系缺位、数据筛选与传输偏差控制缺位制约教育数据质量改进、基于人文立场的数据服务伦理秩序亟待构建等。为了对纾解上述困境提供有益的参考,本章提出了智能时代教育数据风险治理的实践路径。智能时代教育数

① 刘三女牙,杨宗凯,李卿.教育数据伦理:大数据时代教育的新挑战[J].教育研究,2017(4):15-20.

据风险治理不是一蹴而就的，而是需要长时间积累才能形成较为成熟有效且具有一定推广价值的实践案例与模式。对于智能时代教育数据风险治理案例与模式的实践研究或许会成为未来学界关注的热点。

第二章

人工智能赋能学校数据治理

随着信息技术愈发嵌入教育领域，教育场域产生了大量数据，数据资产对于学校改进的价值愈发凸显。在此背景下，数据治理已成为学校管理的重要工作内容。面对学校数据治理过程中的诸多现实问题，人工智能为学校提升数据治理成效提供了有效支撑，推进了数据治理平台的智能化与数据治理流程的精准化。由此，人工智能赋能学校数据治理已成为智能时代学校治理的重要议题。

第一节　人工智能赋能学校数据治理的时代价值

随着人工智能技术不断取得突破性进展，其已经超越了概念层面而逐渐落地到实践层面，形成了许多“类人”产品和服务，这无疑是对传统信息技术的巨大突破。信息技术的变革具有明显的阶段性特征，从传统信息技术到区块链、人工智能、5G等新一代信息技术，信息技术的阶段性变革催生了具有不同特征的社会时代。治理意为“用理性来治”，既强调多元参与和民主管理，又要求参与治理的各个主体依照理性、法律和伦理来规约、管理相应对象。对于与信息技术应用过程密切相关的数据治理，从技术变革角度考察学校数据治理的历史变迁是合理的。从个人计算机和早期移动通信技术支撑的信息时代，到大数据挖掘与分析技术支撑的数字时代，再到人工智能、区块链、5G等技术支撑的智能时代①，学校数据治理的基本形态存在显著差异。

在学校数据治理的发展萌芽期（信息时代），国内外学界以“教育数据挖掘”为核心议题召开了多场教育信息化会议，这意味着学界人士对教育数据挖掘、教育数据分析等技术方法的普遍关注。在教育信息化不断推进的过程中，涌现出了一些相对独立的教学管理信息系统和线上教育服务平台，尽管这些系统、平台收集并存储了大量教育数据信息，包括教师教育行为、学生基本信息和学习轨迹等数据信息，但受限于信息时代相对滞后的数据分析与挖掘技术，这类教育数据并未得到规范和全面的挖掘，学校数据治理还处于起步阶段，效率不高。

在学校数据治理的探索发展期（数字时代），自从麦肯锡公司于2011年提出大数据这一概念开始，美国等国家便开始建立大规模的学校数据治理体系，逐步探索常态化教育数据集成中心建设之路②。在我国，数据的潜在价值和基于数据的教育服务被充分重视起来，成为学校教育信息化建设的重点领域，教育大数据、“互联网＋”等技术及理念为学校数据治理的推进提供了新的思路与路径。但是这一时期，大部分学校还没有真正构建起规模

① 陈晓珊.人工智能时代重新反思教育的本质[J].现代教育技术，2018，28(1)：31-37.

② 王正青，但金凤.如何构建教育数据治理体系：美国肯塔基州的成功经验[J].现代远程教育研究，2021，33(1)：77-86.

化、科学化和系统化的数据治理模式，学校对“技术”的重视程度比“数据”要高，很多学校并没有将数据治理作为实践层面的重要议题，也没有形成系统的数据治理实施模式。

在学校数据治理的战略转型期（人工智能时代），2017 年为人工智能的“应用元年”。随着 5G、人工智能等技术的不断发展及其与教育教学融合的持续推进，学校数据治理进入智能时代的战略转型期。部分学校数据治理的基础设施、技术保障、人才储备等相对不足，智能技术的教育应用也更容易带来隐私数据泄露、数据茧房和算法歧视等许多数据安全问题和伦理道德风险。为了规避相应风险，《教育部机关及直属事业单位教育数据管理办法》等政策文件和标准相继出台。在学界，学者尝试从物理层、控制层、业务层等方面设计智能时代学校数据中心体系架构①，对如何推进智能时代学校数据治理进行了初步探索。但是，人工智能如何赋能学校数据治理还需进一步探讨。

综上，伴随着 5G、区块链、云计算、人工智能等技术对社会形态产生的重大变革，智能时代随之而来。《新一代人工智能发展规划》和《中国教育现代化 2035》等政策文件的出台，也明确指出“人工智能与教育深度融合”是国家重大发展战略。智能时代，教育数据大范围产生并高速流转，智能技术“类人”特性的发挥与“数据智能”的激发密切相关。面对当下日益庞大的教育数据集，探讨其治理路径，关乎着能否有效规避教育数据使用风险、最大限度释放教育数据价值，是智能时代学校数据治理领域亟须面对的重要课题。在教育领域，智能感知、自然语言处理、机器学习等智能技术与教育大数据的深度融合让全面、精准捕捉面部表情、情绪状态等多维数据成为现实，然而，人工智能如何赋能学校数据治理仍然是一个尚需明晰的议题。为此，本章以人工智能赋能学校数据治理的内在逻辑与现实问题为指引，试图厘清人工智能赋能学校数据治理的未来实践进路，为智能时代有效推进学校数据治理提供借鉴与参考。

---

① 宋苏轩，杨现民，宋子强. 智能时代高校数据中心的新内涵及其体系架构[J]. 现代教育技术，2020，30(7)：81-88.

第二节 人工智能赋能学校数据治理的基本逻辑

人工智能这一概念源于20世纪50年代的达特茅斯会议，也被称作机器智能。简单来说，人工智能隶属于计算机科学，它能够借助知识工程和机器学习技术处理数据，感知、推理、解决问题，做出预测或操纵对象，进而创造出像“人脑”一般能够工作和做出“反应”的“智能”机器。可以从广义和狭义角度来认识人工智能。广义上，人工智能是指由数字计算机或计算机控制的机器人执行与人类相关的任务的能力；狭义上，人工智能是指计算机等机器所具备的从过去经验中学习、推理、意义生成、概括总结等与人类相似的素质以及从数据中学习的能力。综合考量人工智能在广义和狭义上的定义可以发现，人工智能赋能学校数据治理的核心要点在于收集数据、基于海量数据做出推理与预测等。若想分析人工智能赋能学校数据治理的内在逻辑，应首先厘清学校数据治理的逻辑。董晓辉从数据服务和数据管理两个维度分析了学校数据治理的价值逻辑，认为学校数据治理包含两方面内容：一是学校必须开展的数据服务活动，二是“谁”在数据管理中做什么，并强调将数据作为资产进行管理①。王正青等则从数据质量角度对学校数据治理的功能逻辑加以阐释，认为学校数据治理包括维护数据质量等业务活动、建立和运行数据质量管理等战术活动以及制定数据质量管理战略等战略活动②。有学者从数据决策责权角度分析了学校数据治理的规则逻辑，认为学校数据治理不能不考虑人在处理数据过程中的决策权和责任。

综合上述关于学校数据治理逻辑的观点，本节基于对学校数据治理要素的分解来审视学校数据治理的逻辑架构，提出智能时代学校数据治理的核心要素包括数据管理、数据质量、数据决策、数据服务等方面，并进一步阐释人工智能赋能学校数据治理变革的内在逻辑。其一，数据管理是后续对数据进行提取与应用的前提条件，它涉及数据采集、存储、分类、整合等多个过程，为确保学校数据治理的有效性提供技术支撑。其二，数据质量的好坏

① 董晓辉.活动理论视角下高校教育数据治理体系构成要素研究[J].中国电化教育，2021(3):79-87.

② 王正青，但金凤.如何构建教育数据治理体系：美国肯塔基州的成功经验[J].现代远程教育研究，2021，33(1):77-86.

关涉学校数据治理能否取得实质性成效，是推进学校数据治理的基本保障。其三，数据决策是推进学校数据治理的关键手段，只有科学、合理的数据决策才能利用数据优化并完善治理计划、治理方案与治理行为。其四，数据服务是学校数据治理的根本目标。学校数据治理实践要以数据服务的优化为根本目标，唯其如此，才能充分挖掘数据的育人功效与潜能，落实以人为本的育人目标①。基于上述分析，本节进一步从数据管理、数据质量、数据决策、数据服务等方面提出了人工智能赋能学校数据治理的逻辑框架（见图 2-1）。其中，数据管理、数据质量、数据决策和数据服务分别是学校数据治理的技术支撑、基本保障、关键手段和根本目标，依赖这四个方面，优质的学校教育数据服务将成为现实。

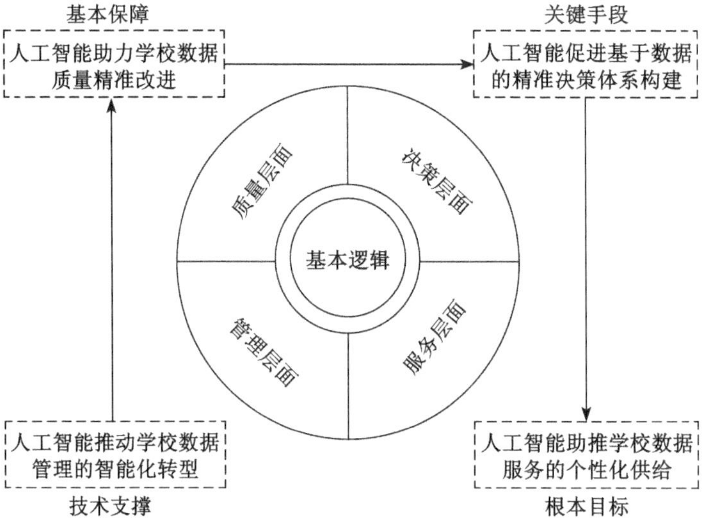

图 2-1　人工智能赋能学校数据治理的逻辑框架

一、人工智能推动学校数据管理的智能化转型

学校数据管理涉及学校各个部门对数据的采集、存储、分析、共享及数据安全等方面。智能时代，随着人脸识别、语音和图像识别、智能传感等技

① 蒋成飞，朱德全. 大数据时代本科教学评估数据治理：逻辑与路向[J]. 高等工程教育研究，2019(6)：99-105，124.

术的深入和广泛应用，原本难以采集的与教师、学生等教学与学习密切相关的全过程数据能够得到系统全面采集，并可以被有效整理与归类，在学校不同部门、不同机构间实现跨部门、跨功能、跨系统的教育数据流智能监测变为可能。智能技术与学校数据管理的有机融合为教育数据的采集与分析带来了全新面貌，也为数据安全防护、数据共享等带来了新挑战。在此现实背景下，如何管理好高速流动的数据成为迫切需要解决的议题。较之传统学校数据管理偏重对已有数据进行存储与归类、不太注重激发数据资产的潜在价值，人工智能对学校数据管理的优化作用则集中体现在激发数据资产的潜能与价值方面。在智能技术支撑下，人工智能可以控制数据开放共享与隐私加密，基于大数据开展“循证”的学校教育创新，智能监测学校教育数据的生成与流动，最大化释放学校数据资产价值。

二、人工智能助力学校数据质量精准改进

机器学习、智能感知等人工智能技术的发展为改进学校数据质量提供了新契机，如何在智能时代提升并精准改进数据挖掘的质量值得进一步探讨。具体而言，智能感知、机器学习等智能技术能够帮助学校获取教师、学生、教育管理者等主体的教学签到信息、图书借阅信息、学习行为信息等关键数据信息，这些数据信息对提升数据挖掘质量有重要的参考价值。例如，通过搭建课程参与智能监测系统，自动生成学生课程参与状况的监测分析报告，精准研判学生课程参与质量的预警等级，准确描述、预测学生的课程参与质量与学习投入度。总的来说，基于人工智能技术，能够对海量学校数据进行精准挖掘、集中分类管理与系统化分析，在此基础上把握隐藏在学校数据背后的教育规律、师生特征等，并得到一系列常规手段难以得到的对策建议，助推学校数据质量提升。

三、人工智能促进基于数据的精准决策体系构建

基于数据的循证教育决策通常包括两方面含义，一是对于数据的决策，即关注如何有效开展数据收集、挖掘、分析、共享等；二是如何利用数据进行决策，主要关注如何释放数据价值，基于数据更好地为教育教学决策服务。近年来，人工智能赋能教育决策日益受到社会各界的广泛关注，诸如国家教育宏观政策研究院等智库机构相继成立，其与政府教育管理部门等均致力

于将数据挖掘等智能技术与教育公共决策深度融合。教育行政决策、教育教学决策等教育决策的智慧化水平是衡量学校信息化建设质量的重要指标，而利用人工智能技术构建基于数据的精准教育决策体系是提升教育决策智慧化水平的题中之义。学校可以基于人工智能技术在编辑、整合、量化、分析各类数据方面实现智慧化操作，及时、动态分析师生及管理人员的实际需求，对教育数据信息进行智能分类与归纳，从教务管理、本科教学监测、研究生教育管理、校园安全防护等方面打造基于证据的学校舆情决策咨询服务系统，构建智慧化的学校决策服务体系。需要指出的是，基于人工智能技术的学校智慧决策服务不是意味着对“人类智慧”的否定或者说摒弃，而是更加需要作为“人工智慧”表征的人工智能与作为“人类智慧”表征的学校决策者相辅相成。唯有整合“人工智慧”与“人类智慧”的双重力量，才有利于学校准确研判自身问题与未来发展路径，并做出科学决策。

四、人工智能助推学校数据服务的个性化供给

人工智能赋能学校数据服务通常涉及教学管理服务、后勤支持服务等方面，且人工智能助推学校数据服务的个性化供给成为学校创新发展的关键支撑，其也是人工智能赋能学校数据治理的根本目标。在人工智能场域下，学校数据服务激发潜能不仅体现在基于“数字画像”的学生评价、基于“情感计算”的学生创造力激发、基于“虚实交互”的课堂教学应用等“教”与“学”方面，对于依赖“数据智能”的学校管理服务的效能提升也具有重要的推动作用。在“教”与“学”服务层面，学校可利用智能筛选与推理技术，对来源不一的教育数据进行识别、清洗、归类、推理与分析，做到“教”与“学”场景的数据即时反馈，以此来矫正教育教学服务的盲点与不足。例如，密歇根大学有一项关于“基于学生参与度和情绪状态预测学习效果”的研究，该研究使用人工智能采集学生学习行为数据，评测学生学习参与度，推导出参与度与学习效果之间的联系，以此为基础对学生提出有针对性的指导意见。在“管理服务”层面，学校可利用机器学习、智能专家系统等智能技术，实现对学生群体需求变化、个体进步等方面的精准研判，从而做好个性化管理举措改进工作，及时为管理者战略调整提供行动方案与路径方向。

第三节　人工智能赋能学校数据治理的现实挑战

基于对人工智能赋能学校数据治理内在逻辑的分析与探讨，本节系统总结了人工智能赋能学校数据治理的现实挑战，具体涉及数据管理、数据质量、数据决策、数据服务等方面。

一、学校数据管理忽视“多方协同管理”

学校信息化管理者是当前学校数据管理工作中最常见的主体，这致使学校层面的数据管理实践更偏重“信息化工作人员的数据管理”，相对而言忽视了教师、学生等多主体的协同管理。伴随着智能技术的深入发展，学校数据管理中不同利益相关者的协同管理有了强有力的实现契机，“多方共管”成为学校数据管理的未来走向。在智能时代，来自多个数据来源的海量数据不断汇集，数据之间的界限被打破，不同领域、不同类型的数据也连通到一起，各类数据呈现出高度融合的态势①。这意味着学校管理者、教师、学生等不同类型的主体均能在了解学校信息的基础上参与学校决策，学校数据的多方共管成为可能。但从现实场景来看，其一，在学校数据管理过程中，采集、存储、共享数据的工作主要由专门的学校信息化工作人员负责，教师、学生等主体的参与度往往不足，导致他们在智能数据采集、流转与分析等方面的多元化诉求较难在学校数据管理中得到实现。其二，智能时代数据采集与流动的情境更加复杂多元，只有在多方共管前提下，智能化、定制化数据服务的功效才能得到充分发挥，而仅仅依靠学校信息化工作人员的“单维管理”则很难精准分类数据、充分挖掘数据价值。其三，尽管《教育信息化2.0行动计划》强调促进政务数据分级分层有效共享，但学校管理者、教师、学生等教育数据管理主体的“共治共管”能力仍较弱，缺乏数据辅助教学、管理等方面决策的意识，学校数据协同共治的氛围不浓厚。

---

① 顾佳妮，杨现民，郑旭东，等．数据驱动学校治理现代化的逻辑框架与实践探索[J]．现代远程教育研究，2020，32(5)：25-34.

二、学校数据治理缺乏相对统一的数据质量标准

数据质量是学校数据治理的核心与关键。就目前状况看，不少学校的数据治理在数据质量建设方面还存在诸如各类群体数据体积过大、各部门信息割裂、各部门数据更新速度不一等现实问题。国家教育行政学院和腾讯研究院2021年发布的《迈向更好的教育：未来教育的技术发展空间报告》显示，在我国，虽然各区域的教育主管部门和学校基本建成了教育信息化平台，但信息孤岛和数据质量问题仍然严峻，而构建相对统一的数据质量标准对破除此类问题意义重大。其一，在早期信息系统建设中，大多数学校将关注点置于简单业务功能的实现，没有形成相对统一的数据采集、存储、共享等方面的标准，长此以往，学校底层数据架构难免处于失序状态，很难整合存储于不同平台系统中形式各异的数据集。其二，虽然已经有一些学校的信息化职能部门开始制定数据标准与应用规范，但在不同部门间教育数据智能共享过程中，由于标准不合乎实际需要或推广不力，一些学校相关部门可能会出于各种利益考量、找各种借口拖延或拒不执行数据共享指令，致使学校数据共享经常处于“要”或“等”的状态，数据共享的效率难以得到充分保障。

三、学校数据决策在权责限定与顶层设计方面存在缺失

“基于数据的决策”是对智能时代学校数据决策的应然要求。学校数据决策是一项复杂的系统工程，离不开技术开发商、学校各职能部门、教师、学生等主体的共同参与。权责限定与顶层设计等方面的不足是当前学校数据决策面临的主要问题。例如，学校相关职能部门受制于传统思维，在执行信息化建设任务时较难投入专门力量，厘不清学校数据资源的“家底”与宏观分布，容易陷入寻找数据难和数据应用水平低的窘境。各方治理主体间是否有明确的责权划分与行动规划将直接影响学校数据治理的成效。一方面，不少学校对数据采集、存储、传输、共享等过程缺乏明确的权责限定，而仅靠学校信息化职能部门进行“单维”数据治理的实践模式存在诸多局限性，导致频繁发生数据质量问题与数据安全问题。对此，学校应充分调动学校管理者、教师、学生等多元主体开展协同数据治理，并进一步明晰不同主体在治理责任、权力、角色、担当等方面的边界，以期能够对各方主体予以规

制，有效避免因权责不明确而引发的推诿、低效问题与伦理安全风险。另一方面，学校对数据治理往往缺乏通盘考虑和整体性的全局规划，数据治理中人事分割、部门分割等问题始终存在，导致信息标准不统一、数据流转不顺畅、数据共享度不足、数据质量不高等问题，降低了学校数据治理成效。

四、数据服务潜能激发不力制约数据价值高效释放

智能时代，每天都会产生海量数据，如何在数据数量非常庞大的情况下实现数据价值的高效释放成为学校数据治理的重大挑战。在深入挖掘学校教育数据价值的过程中，数据源的可用性、个人隐私泄露的危险性、数据挖掘的复杂性、数据融合的可行性以及数据共享意识薄弱等问题较为突出。智能时代激发数据服务价值需要考虑数据服务应用接口和数据服务制度规范两方面的因素。在数据服务应用接口方面，大多数学校早期建设的信息化系统不支持可供调取的数据接口，还有部分学校信息化系统提供的信息读取、对接功能很简单，学校间教育数据共享成本高、难度大，难以实现数据服务的个性化供给，更难以满足智能时代数据快速流转与开放共享的诉求。在数据服务制度规范方面，多数学校依然缺乏可以对数据服务权限设定和安全管理等方面予以制约的制度规范，这也在一定程度上阻碍了学校数据价值的高效释放。

第四节　人工智能赋能学校数据治理的实践路向

基于对人工智能变革学校数据治理的内在逻辑与现实问题的分析，本节从管理、质量、决策、服务等层面提出人工智能赋能学校数据治理的实践路向。

一、创设智能共管的学校数据管理职能优化机制

“管”好数据是智能时代学校数据管理的核心目标，多方共管是学校数据管理的必然要求。为“管”好数据，实现优质高效的数据存储、分类与整理，有必要利用智能分类与识别技术实现数据的“智能共管”。智能时代生成的结构化、半结构化与非结构化数据不仅种类繁多，而且涉及多个数据来源，这在一定程度上增加了学校数据管理的难度。为解决这一问题，有必要

创设以智能共管为落脚点的学校数据管理职能优化机制。其一，变革智能共管工具与方式。利用智能感知、机器学习等技术分析教师和学生的情绪情感、思维倾向、心理状态及能力态度等，以期能够根据教育数据的种类与性质进行精准分类管理。其二，提升相关主体的数据治理能力，建设高素质专业化的数据管理人才队伍。就当前状况来看，仍有不少从事学校数据管理的相关人员对数据治理存在认知偏差，数据治理能力较为薄弱。因此，后续要持续培植、引进专业对口人才，进一步强化对学校数据管理人员的数据素养培训，充分发挥智能化资源推送的长处，开发并制定个性化的培训资源、培训方案等。

二、完善校本化学校数据挖掘与共享质量标准

如前所述，在质量层面，学校数据治理缺乏相对统一的数据挖掘标准。数据质量保障对于学校数据治理成效的提升具有基础性作用。以往，学校在建设数据质量标准时，极易忽视对本校数据样态与分布规律的实际考量，而智能时代学校数据治理则应更加注重以学校自身实际需求为落脚点，建设具有校本特色的学校数据挖掘与共享质量标准。其一，在数据采集上，学校各部门的数据治理工作应"因地制宜"，即基于学校现有的信息系统，综合考量本校数据采集的现实诉求与痛点、难点，分析不同类型数据挖掘技术（例如神经网络算法、网络爬虫算法等）的特点与差异，进而制定具有校本特色的数据采集质量标准，实现规范性的教育数据采集。其二，在数据流转上，学校应依托本校数据流转规范与质量要求来构建校本化的数据流转质量监测标准，可以利用学生数据审查和名册等相关软件验证智能共享过程中数据的准确性，探索智能化提交数据更正请求和在线跟踪更正进度等功能的实现路径。

三、构建基于权责厘定的智能化数据决策体系

必须承认，尽管学校投入了较多人力、物力、财力来推进数据治理建设，但学校数据决策在权责限定、顶层设计等方面仍存不足，数据决策的智慧化建设水平尚处于初级阶段。为此，需要进一步构建基于权责厘定的智能化教育数据决策体系。其一，明晰学校数据治理主体的权责划分。学校数据治理主体呈现出多元化的特征，学校管理者、教师、学校信息化工作人员等

不同主体的需求与利益存在差异，且他们对数据本身所承载的权责意识存在偏差，因而需要在学校数据采集、存储、分析、共享、应用等方面明晰权责界限，给予多元主体通过大数据平台清晰表达自身治理诉求的机会，规范不同主体的数据治理行为，打造结构清晰、权责明确的多方数据治理新格局。其二，协同多方优势，构建智能化精准数据决策体系。具体而言，在厘清治理主体权责划分的基础上，有必要融合多方优势，为多方协同的学校数据治理提供有力支撑。可以通过智能筛选、提取与整合数据信息来破解数据治理决策碎片化、信息不对称困境，完善基于数据智能监测的“循证”数据决策机制，实现凝聚不同数据治理主体合力的精准决策目标。

四、优化指向数据价值释放的智能数据服务体系

数据服务潜能得不到有效激发，导致数据价值很难得以高效释放。面对学校智慧化水平日益提升的现实诉求，高效、最大化释放数据价值成为智慧校园建设的核心目标。在智慧校园建设过程中，要想实现学校管理、教学、评价等方面的智慧化发展，必然要释放数据价值以激发数据服务潜能。为此，可以利用智能终端、智能专家系统等技术打造数据资源的接入端口，并将其提供给教师、学生等利益相关者，便于及时存储教师、学生等关键教育数据，实时处理教师、学生等的搜索与分析请求；也可以借助自然语言处理、深度学习等技术对教育教学、教学评价与管理、后勤服务等数据进行可视化分析，实时观测与教育教学、师生发展密切相关的重要节点，为改进教学质量、促进师生发展提供精准便捷的支持服务。此外，还可以基于智能挖掘、图像感知和自适应技术，准确辨识数据服务潜能激发的困境所在，并有针对性地从数据架构、数据质量、数据标准、数据安全等维度制定可行性方案，进而提升教育数据挖掘与分析服务的质量，助推智能技术赋能学校教育管理与决策服务优化。

第五节　小　　结

自从数据治理一词出现以来，数据挖掘、采集、共享等要素便受到教育界普遍关注，学校数据治理也经历了从初始探索到快速发展再到战略转型三个不同的发展阶段。人工智能、区块链、5G 等新一代信息技术对提升学

校数据治理水平发挥了强有力的支撑作用，学校数据治理由此迎来了战略转型的机遇与挑战。多年来，学校数据治理的实践表明，学校数据治理还存在一系列问题，例如仍然缺乏关于学校数据决策的权责限定与顶层设计、还没有形成相对统一的数据质量标准，这些问题能否有效解决是决定未来学校数据价值释放的关键。本章系统回应了智能时代学校数据治理的基本逻辑、现实挑战与实践路向。面向学校未来的优质、创新发展，如何进一步推动“人工智能赋能学校数据治理”落到实处需要众多学者进一步思考。此外，在探讨人工智能与学校数据治理深度融合的进程中，不但要关注技术变革的影响，还要积极探索人文关怀与伦理规约这一智能时代学校数据治理的未来研究议题。

第三章

智能时代教育数据伦理风险

人工智能赋能学校数据治理的同时，也带来了一系列数据伦理风险。目前我国教育领域中存在的“数字鸿沟”和教育信息化水平较低的现象尚未引起足够重视，这导致部分学校在利用数字化资源开展教学活动时缺乏必要的道德约束。为此，本章试图对教育数据伦理风险内涵进行解析，厘清教育数据伦理风险表征形式、现状及存在问题，为智能时代寻求教育数据风险治理路径提供价值借鉴。

第一节　教育数据伦理风险的概念诠释

一、数据伦理

自互联网出现之后，数据在数量上激增，并呈递增态势，以致传统数据处理应用程序软件还不足以应对如此繁杂的数据量。与此同时，人们对海量数据的使用需求日益提高，而现有的数据管理平台却不能很好地满足这种要求，从而引发了“数据伦理”这一问题。在5G、人工智能和大数据等新技术迅猛发展的背景下，数据采集和数据共享等功能在逐步智慧升级的同时却面临着诸多数据伦理问题，例如数据隐私泄露、数据违法售卖以及数据产权归属不明等。因此，亟须从理论上厘清“数据伦理”这一概念的内涵及外延，以促进我国数据安全保护工作的健康有序开展。目前，学界对“数据伦理”的定义有一定的差异。伦理，是指人与人相处的各种道德准则。有学者认为，数据伦理是关于数据及其使用方式的道德原则、道德规范和道德标准，它是人类社会中一种普遍而重要的行为模式或生活准则。有学者认为，数据伦理属于伦理学的一个新分支，数据伦理是指研究和评估与数据（包括生成、记录、策展、处理、传播、共享和使用）、算法相关的道德问题①。蒋洁认为，数据伦理是关于数据价值判断的应用和对数据使用方式的道德“棱镜”，涉及数据服务、数据决策、数据权益等多个领域②。概括来看，数据伦理可被视为衡量数据与他者（包括人、社会等）之间关系的道理与准则，主要涉及数据采集、数据分析、数据处理、数据应用等方面所产生的道德问题。

二、教育数据伦理风险

电脑、手机等记录设备的大量应用使得数据的数量与复杂性呈几何级快速增长，这使得在短时间内分类与处理多类型教育数据（例如公共数据、

① FLORIDI L, TADDEO M. What is data ethics? [J]. Philosophical transactions of the royal society a: mathematical, physical and engineering sciences, 2016, 374(2083): 1-5.

② 蒋洁. 复杂数据探勘的道德风险与规训机制[J]. 图书与情报, 2016(6): 77-82.

个体数据、研究数据、跨界数据等)更为困难。教育数据的合法合规化采集对于未来教育创新发展具有十分重要的意义,也可为推进信息技术与教育教学深度融合助力。可见,教育数据伦理是关涉教育领域的数据伦理,与师生个人的发展、社会关系等密不可分,是教育场域中为数据伦理建构的哲学研究,是对教育数据使用全过程(教育数据产生、采集、存储和分析)所应当遵循的规范与准则的客观审视。当前,在技术运转场域,数据对技术功能在教育领域的发挥与延展影响作用较大,探讨教育数据伦理议题是对如何规约教育数据与他者(包括人、技术、社会等)之间关系的理性回应。

技术自身的不稳定性与所伴随的风险使得对数据的采集与使用过程中也涉及数据伦理风险问题。有学者称,当前,人工智能、大数据、物联网等技术在重塑教育生态并为教育教学带来诸多便利的同时,也带来了潜在的数据伦理风险①。教育数据的收集、分析和使用并不是中立的行为,其受相关主体的价值取向影响,在价值冲突情形下教育数据使用过程(教育领域的信息收集、信息访问、信息共享、数据利益分配等)会产生教育不平等加剧、教师地位削弱等一系列的伦理风险。由此,本书认为,教育数据伦理风险可被视为教育领域数据采集、存储、流动、分析等过程中违背约定的道理与准则所形成的伦理风险,具体涉及数据隐私侵犯、数据利益分配失衡等伦理问题。

第二节　智能时代教育数据伦理风险的典型表征

教育数据一般涉及教育中的人,或者通过教育数据而生成的与人有关的信息要素(例如身份信息、思维习惯、行为偏好、学习表现等)。智能技术与教育的融合创新全面提速,一系列专有智能化工具、资源和系统不断形成,基于大数据的精确诊断和智能推送全面普及。智能时代是第四次工业革命的标志,其以人工智能、5G、云计算、大数据等技术为依托,可提供智能分析、智能预测等智能化功能。在智能时代,教育数据逐渐由附属于特定教

① RUBEL A, JONES K M L. Student privacy in learning analytics: an information ethics perspective[J]. The information society, 2016, 32(2): 143-159.

育信息系统功能的客体，转而成为被期待能驱动创新应用的主体，进而凸显了数据智能驱动教育发展的转型需求。同时，智能时代的到来加速了信息空间的深度融合，信息资源能够自动识别不同的智能终端，进而实现数据的同步更新、异步更新与交换共享。在智能专家系统和智能教学监控系统等产品运行中，教育数据从多个终端和平台快速产生和汇集，如何对其进行规范化管理，引发了许多风险和挑战。教育数据伦理风险属于因数据道德失范而产生的道德风险，其实质是一种伦理风险，本书拟从伦理学视角探究智能时代教育数据伦理风险的存在形态。

一般而言，“正当”与“善”是伦理学研究的两大议题①。正当，意为符合公平正义，强调应当正确运用原则(规范、前提、规则、标准或法律)，涉及公众应尽的责任或采取行动保护一个人的权利。善是一种价值判断，是对结果的评价。善，意为具有道德价值的性格和个人品质，这种性格与个人品质的特征通常指向美德一词。文献梳理发现，学界对教育数据伦理的探讨主要集中在教育数据权益层面及教育数据行为层面。一方面，隐私泄露侵害尊严、数据依赖束缚个体发展、数据主导决策禁锢学业进步等成为影响教育数据权益正当化保障的常见问题②。另一方面，数据决策偏差与歧视、数据存储相对割裂、数据传输安全性较差等成为制约教育数据行为向善的关键问题③④。归纳来看，数据隐私、数据利益属于数据权益层面，而且数据权益直接关系数据之正当能否达成，在一定程度上涉及公众对于数据行为是否符合公平正义的评判。数据责任、数据服务属于数据行为层面，其是否向善取决于社会公众对相关责任行为与服务行为的价值评判。由此，可将智能时代教育数据伦理风险划分为教育数据隐私侵害风险、教育数据利益失衡风险、教育数据责任失守风险以及教育数据服务偏见风险。智能时代教育数据伦理风险的典型表征见图3-1。

一是教育数据隐私侵害风险。如果盲目跨越教育数据采集与流转的限度与边界，则会造成教育数据泄露损害人格尊严与意志表达、用户数据隐私

---

① 黄正华. 正当与善:优先性问题的问题[J]. 伦理学研究，2012(4):11-15.

② 李建伟，苏占玖，黄赟茹. 基于大数据学习分析的在线学习风险预测研究[J]. 现代教育技术，2018，28(8):78-84.

③ 戚万学，谢娟. 教育大数据的伦理诉求及其实现[J]. 教育研究，2019，40(7):26-35.

④ 刘金松. 数据治理:高等教育治理工具转型研究[J]. 中国电化教育，2018(12):39-45.

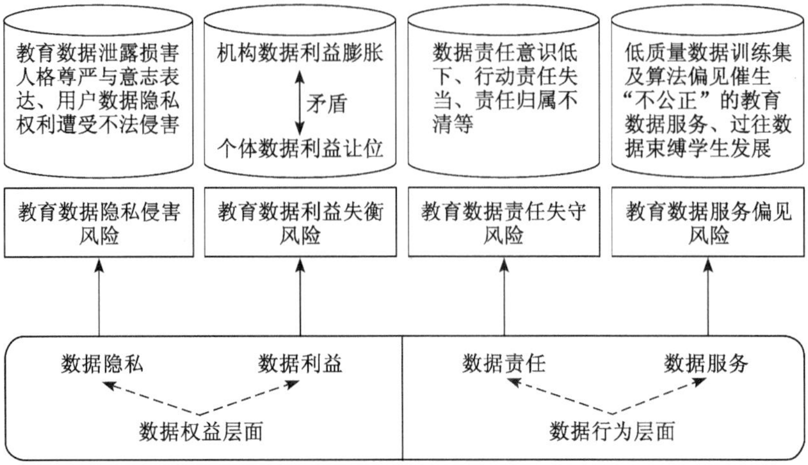

图 3-1　智能时代教育数据伦理风险的典型表征

权利遭受不法侵害等一系列教育数据伦理问题。二是教育数据利益失衡风险。在师生教育数据通过群集共享逐渐演变为“教育数据资产”的过程中，牵引出相关利益分配矛盾。这些矛盾催生出诸多教育数据伦理风险。数据割裂、数据垄断等教育数据利益关系失衡问题阻碍了教育数据的开放共享与合理流转，使得学生、教师等教育用户在教育大数据运行过程中获得的数据利益远远不足，掌握大量教育数据的机构与组织正在借此产生越来越多的机构意识和权力①。个体数据利益让位于机构数据利益严重打破了教育数据利益分配的应然平衡。三是教育数据责任失守风险。教育数据采集、存储、分类、整合与共享等方面均应体现相应的责任意识，如果没有进行适当的数据责任划分并忽视专业数据管理责任队伍建设，则容易导致数据责任意识低下、行动责任失当、责任归属不清等教育数据责任失守现象。从责任伦理学视角而言，这些现象是教育数据责任失守所造成的伦理风险。四是教育数据服务偏见风险。例如，未获得及时更新的教育数据束缚了学生的长远发展，可追溯的过往数据记忆成为个体入学或求职时的评估依据，并为当事人贴上具有某种暗示意味的“电子标签”。

① NERSESSIAN D. The law and ethics of big data analytics: a new role for international human rights in the search for global standards[J]. Business horizons, 2018, 61(6): 845-854.

第三节 智能时代教育数据伦理风险治理的现状与问题

治理一词由来已久，意为依理而治。其中，“理”有情理、道理、法理等义。数据治理是指依据一定的道理、情理、法理等，对数据相关事项进行的决策与组织。从数据治理到教育数据伦理风险治理，治理的范畴更为具体化，更为关注教育领域数据伦理风险的有效化解。教育数据伦理风险治理可被视为政府、学校、社会教育机构、社会组织等治理主体依据一定的规则，对教育数据相关事项进行的决策与组织。在以人工智能为代表的新型信息技术促进教育教学发展的同时，数据治理伦理失位、数据隐私侵犯引发的人格尊严侵害、数据责任不当、数据质量低劣、数据安全与隐私监管缺失等问题，已成为影响智慧教育发展的重要因素，面向智能教育的数据伦理风险治理显得日益迫切。目前，学界对于教育数据伦理风险治理的理解还处于传统的技术应用水平，对其概念内涵的解析和解读还有待进一步深化，缺乏伦理学等哲学研究视角。智能时代的来临，推动了教育数据伦理风险治理策略的变革，这既是一次机会，也是一次理性的应对。基于此，本书以教育数据伦理风险为主题，以学校为对象，开展大样本实证调查，深入剖析当前教育数据伦理风险治理中存在的问题。

基于前文所述，本书拟基于教育数据隐私、教育数据利益、教育数据责任和教育数据服务等四个维度，参照相关学者围绕教育数据分析与应用现状所开展的教育调查内容①，并结合对 H 大学 5 位教育人工智能、技术伦理学领域学者的访谈结果，设计了智能时代教育数据伦理风险治理现状的调查问卷。除基本信息题项外，问卷中各题项均采用李克特五点量表形式（从非常不符合到非常符合）予以呈现。相对于高校学生，中小学学生的心智发展尚未完全成熟，数据风险防范意识与能力可能较为薄弱，基础教育领域易受多类数据伦理风险的冲击，且从现有研究与实践来看，基础教育领域数据伦理风险治理的相关研究较为缺乏。因此，本书选择面向中小学开展调查，分析教育数据伦理风险治理的现状与问题。选择江苏省 W 市 60 位中小学

① YANOSKY R，ARROWAY P. The analytics landscape in higher education：2015[R]. Louisville，CO：EDUCAUSE，2015.

管理者进行预调研，基于预调研样本数据对问卷进行信度和效度检验。数据分析结果显示，整体量表的 KMO 统计值为 0.876，Bartlett 球形检验结果的 P 值<0.001，表明问卷适合进行因子分析。对整体问卷进行探索性因子分析，抽取出 4 个公因子，累计方差解释率达到 78.961%，表明因子结构较为可靠。问卷旋转后的成分矩阵，见表 3-1。表 3-1 中，题项 A1 到 A4 构成教育数据隐私维度，题项 B1 到 B3 构成教育数据利益维度，题项 C1 到 C5 构成教育数据责任维度，题项 D1 到 D3 构成教育数据服务维度。这与本书基于教育数据隐私、教育数据利益、教育数据责任、教育数据服务对教育数据伦理风险进行分析的框架结构相一致，表明问卷具有较好的结构效度，可作为正式调研问卷。

表 3-1 问卷旋转后的成分矩阵

题项	成分			
	教育数据隐私	教育数据利益	教育数据责任	教育数据服务
A1	0.816	0.201	0.360	0.243
A2	0.693	0.457	0.160	0.180
A3	0.818	0.203	0.355	0.241
A4	0.775	0.277	0.235	0.285
B1	0.351	0.797	0.275	0.222
B2	0.333	0.709	0.423	0.292
B3	0.379	0.607	0.442	0.220
C1	0.228	0.209	0.680	0.137
C2	0.134	0.212	0.742	0.198
C3	0.311	0.104	0.756	0.285
C4	0.200	0.204	0.786	0.147
C5	0.235	0.220	0.767	0.196
D1	0.242	0.006	0.219	0.763
D2	0.229	0.323	0.245	0.839
D3	0.224	0.329	0.245	0.842

基于正式调研问卷，调研组选取浙江省、江苏省、上海市等经济发达地区的教育人工智能示范学校作为调研学校，利用问卷星平台面向中小学管理者投递电子问卷。调研组于 2021 年 5 月启动调研工作，于 2021 年 8 月上旬完成数据收集工作。调研结束后，回收有效问卷 1 731 份。本书利用克隆巴赫系数（Cronbach's alpha）、组合信度（composite reliability，缩写 CR）、平均提取方差（average variance extracted，缩写 AVE）值检验问卷信效度。问卷信效度检验，见表 3-2。如表 3-2 所示，各分量表的 Cronbach's alpha 值在 0.885 与 0.964 之间，证明问卷具有较好的内在一致性信度；验证性因子分析结果显示，各分量表的 CR 值均在 0.7 以上，表明量表的组合信度较好。各分量表的 AVE 值均大于 0.5，表明量表的收敛效度较好。此外，验证性因子分析结果显示，模型拟合较好，RMSEA（近似误差均方根）、CFI（比较拟合指数）、SRMR（标准化残差均方根）等指标符合测量学标准（RMSEA＜0.08；CFI≥0.90；SRMR＜0.05）。综合上述分析结果，可知问卷通过了信度和效度检验。

表 3-2　问卷信效度检验

分量表	Cronbach's alpha	CR	AVE
教育数据隐私	0.964	0.874	0.635
教育数据利益	0.885	0.774	0.537
教育数据责任	0.946	0.880	0.598
教育数据服务	0.935	0.753	0.504

智能时代教育数据伦理风险治理现状的描述性分析结果，见表 3-3。总体而言，智能时代教育数据伦理风险治理现状的均值水平为 3.615。其中，不同方面的教育数据伦理风险治理现状的均值范围在 3.546 与 3.668 之间。由此可见，在智能时代背景下与智能教育场域之中，对教育数据伦理风险的治理尚存较大改进空间。同时，根据不同学校教育数据伦理风险治理现状的对比分析结果（见表 3-4）可知，公立学校在教育数据伦理风险的治理上显著优于私立学校，而城区学校与非城区学校在教育数据伦理风险的治理上不存在显著差异。原因为，有效保护师生教育数据隐私与利益、践行教育数据管理责任、提供符合“公正”“有益”等伦理标准的智能化教

育数据服务，均依赖于学校领导、区域教育行政部门予以战略重视、技术支持与资源投入，而这也往往与学校和学区之间的行动一致性、经费投入水平、高质量人才资源的建设等密切相关，故公立学校在教育数据伦理风险的治理上具有更好的成效。

表 3-3 智能时代教育数据伦理风险治理现状的描述性分析结果

维度	题项	均值（M）	标准差（S_D）
教育数据隐私（M=3.546，S_D=0.973）	A1：您所在的学校制定了有关保护教育数据隐私的规章制度	3.51	1.049
	A2：您所在的地区制定了有关保护教育数据隐私的政策条例	3.55	1.014
	A3：您所在的学校在教育数据的采集、登记、共享方面制定了统一的伦理准则	3.55	1.020
	A4：您所在的学校制定了明确的教育数据隐私准则	3.59	1.015
教育数据利益（M=3.590，S_D=0.880）	B1：您清楚地了解教育数据在产生后被谁收集并利用	3.48	0.953
	B2：学校在与教育机构、企业开展信息化建设合作中能获取一定的数据利益	3.62	0.993
	B3：您能够较为方便地通过数据平台获取您所需要的教育数据	3.67	0.984
教育数据责任（M=3.657，S_D=0.862）	C1：您对教育数据管理责任与数据技术使用方式的关注度高于技术本身	3.61	0.976
	C2：您清楚地了解学校管理者应当承担的数据责任	3.64	0.916
	C3：您所在的学校制定了完善的教育数据责任规则	3.66	0.947
	C4：学校管理者重视教师数据素养或信息素养的培训	3.70	0.957
	C5：学校管理者、教师、技术服务商等群体能够有效承担教育数据责任	3.68	0.954
教育数据服务（M=3.668，S_D=0.912）	D1：学校或机构提供的师生数据分析服务对您的工作有帮助	3.70	0.958
	D2：教师和学生的数据能够被全面地采集	3.63	0.955
	D3：学校或机构在提供师生数据分析服务前会咨询师生意见	3.68	0.993

表 3-4　不同学校教育数据伦理风险治理现状的对比分析结果

维度	学校性质				学校所在地区			
	私立	公立	T 值	显著性	城区	非城区	T 值	显著性
教育数据隐私	3.49	3.88	−5.056	0.000	3.62	3.53	1.284	0.199
教育数据利益	3.54	3.90	−5.021	0.000	3.61	3.59	0.364	0.716
教育数据责任	3.60	3.98	−5.381	0.000	3.72	3.65	1.262	0.207
教育数据服务	3.61	4.03	−5.795	0.000	3.75	3.66	1.414	0.157

具体而言，本书进一步将智能时代教育数据伦理风险治理所面临的主要问题与困境归纳为以下四个方面。

一、师生教育数据隐私权与开放共享存在冲突

智能时代教育数据的隐私和安全问题的产生，与教育数据的收集和流动规范的缺失有很大的关系。然而，当前关于引导、规范教育数据收集的政策和制度设计，却很容易被忽略。对不同类型的教育数据收集主体进行数据收集一事常常缺少有效的监督和规约，这就需要对收集到的师生数据进行合理的使用。本书研究发现，68.92％的学校管理者担忧教育数据将被用于不正当用途或非法用途。一些技术开发者对教师和学生的个人信息进行了过分的挖掘和使用，使教师和学生的个人信息隐私权受到了极大的侵害，教师和学生的个人信息隐私权和教育数据开放共享的矛盾已经成为各利益相关者的“数据隐忧”。随着教育数据在智能化时代的开放与共享，教育组织通过提供用户服务获取了海量的个体信息，但这些海量的教育数据信息究竟会流向何方，又会如何流动，还有待研究。

首先，我们遇到了一个典型问题，那就是如果我们不愿意公开和分享这些信息，我们就不能享受到这些信息所带来的一切好处。如果让数据进行开放和共享，因为数据采集和传输过程中存在的不确定性问题，教师和学生的信息隐私就有可能被侵害①。其次，数据的价值是通过数据流来实现的，

① SAUGMANN R，MÖLLER F，BELLMER R. Seeing like a surveillance agency? Sensor realism as aesthetic critique of visual data governance[J]. Information，communication & society，2020，23(14)：1996-2013.

在智能化时代，数据流呈现出高速、互联等多种特征，这种特征使得数据变得难以控制，容易被各种商业平台和校外机构利用，从而形成了教师和学生的信息隐私保护和数据的开放共享之间的对立。最后，数据开放与共享的失范，限制了数据的价值释放。作为意义与符号的综合体，如果数据开放共享的过程是合法的，并且操作得当，那么就可以更好地将数据的价值发挥出来。反之，就会导致一些别有用心的人，从大量混乱的数据信息中，精准地捕捉到个人的隐私信息，并对个人的隐私行为进行预测①。

二、教育数据利益博弈失衡制约教育数据价值的充分释放

数据价值的释放在很大程度上依赖于数据的采集与共享，对于数据采集与共享而言，其一般处于一定的利益博弈关系之中。尽管依托智能感知、人脸识别和机器学习等智能技术，可较为便利地从教育领域采集面容、情绪、行为等方面的多维数据，然而，研究发现，题项“您清楚地了解教育数据在产生后被谁收集并利用”均值仅为 3.48，数据采集后交由谁来分配、共享给谁、如何共享等尚存较大的改进空间，许多师生数据集(例如访问记录、位置记录、社交网络连接、搜索历史、教育服务产品购买历史和面部识别等多种信息)极易被教育机构或管理者变为私有资产。由此可见，教育数据利益博弈失衡成为制约教育数据价值的关键所在。

一方面，智能技术开发商与师生等人的利益诉求存在偏差，而且，不少智能教育软件系统采用独立开发的系统架构，不同软件服务的数据对接端口并不一定自由匹配，不同软件服务所产生的数据一般暂时封存在各自的数据平台②，如何实现跨部门或跨领域的数据交换尚缺乏统一的标准与规范，教育数据存储与共享存在局部隔离性，限制了教育数据的价值传递。另一方面，研究发现，题项“您能够较为方便地通过数据平台获取您所需要的教育数据”均值仅为 3.67，尚有较大提升空间。这是因为，智能服务中所蕴含的精准识别、个性化服务等诸多特征的发挥，都建立在数据共享的基础之上。然而，当前一些技术开发者或机构，为了商业利益，或者是其他一些不

① 董军，程昊. 大数据技术的伦理风险及其控制：基于国内大数据伦理问题研究的分析[J]. 自然辩证法研究，2017，33(11)：80-85.

② VON GRAFENSTEIN M，WERNICK A，OLK C. Data governance：enhancing innovation and protecting against its risks[J]. Intereconomics，2019，54(4)：228-232.

正当的要求，侵犯了学生和教师的数据使用知情权。许多学校、机构或部门把教育数据作为一种重要的战略性资产，对数据的开放性流通进行了严格的限制，这虽然防止了数据的外泄，但也导致了数据的垄断。

三、治理主体数据素养不足制约教育数据责任落实

在教育人工智能以数据智能为核心特征的今天，如何有效地承担起教育数据的责任，是实现智能时代教育数据伦理目标的关键。教育数据风险治理依赖学校管理者、教师、政府等共同参与，也需在治理主体间构建具有约束力的责任规则①，在教育数据责任制度建设方面，既要制定规范的教育数据收集标准、存储原则、开放制度和责任制度，又要加强教育数据管理机构的专业能力建设。单纯关注学校管理者和信息化工作者的教育数据责任界定，将会造成教育数据风险管理的局限性，从而大大降低教育数据的质量和安全。同时，数据素养也将直接关系到教育数据责任的履行。

首先，本书研究发现，58.06%的学校管理者认为学校在收集与使用师生教育数据时并不会产生伦理风险。学校管理者往往较少关注数据隐私安全、数据归属与产权等教育数据伦理议题。题项“您所在的学校制定了完善的教育数据责任规则”均值仅为3.66。这表明当前教育数据责任规则的制定尚存明显不足，如何根据伦理标准对教育数据责任进行合理界定尚待进一步探索。其次，本书研究发现，题项“您对教育数据管理责任与数据技术使用方式的关注度高于技术本身”均值仅为3.61，这表明不少学校管理者侧重于对外宣传数据技术与智能技术，对于数据责任的履行缺乏关注。最后，本书研究发现，有38.36%的学校从未举办过教师数据素养或信息素养的培训讲座，这表明当前学校在一定程度上忽视了如何建设具有较高数据治理素养的专业数据治理队伍，治理主体的数据素养不足进一步制约了教育数据责任的有效落实。

四、师生教育需求的片面捕捉催生教育数据服务偏见

人工智能作为非结构化数据处理的关键支撑技术，能够有效处理网络

① 赵磊磊，张黎，代蕊华. 智能时代教育数据风险治理：实然困境与实践路径[J]. 湖南师范大学教育科学学报，2021，20(6)：94-102.

学习相关数据(例如学习性阅读、在线教育数据)①,由此生成的智能化教育数据服务则是助推智能时代教育数据的巨大使用价值得以释放的关键因素。智能教育服务质量与师生教育需求的精准捕捉有关,人工智能算法的实现在很大程度上依赖于教育数据挖掘与预测。然而,研究发现,题项“教师和学生的数据能够被全面地采集”均值仅为3.63,教育数据采集与挖掘的全面性尚待提升。由于教育大数据在规模和质量上的限制,例如教育大数据规模小、不全面、不系统、更新慢、质量差,极大地限制了教师和学生对教育的需求的有效反馈。同时,大量零散、冗杂、无用和过期的教育大数据及其训练集,也会影响教育大数据的精准建模,进而导致教育大数据的服务偏差。

由于受“算法黑箱”的制约,“不透明”的教育业务产生机制也产生了许多关于教育数据的道德问题。比如,一些未公布规则的算法会根据具体的数据指数对教育用户进行分类,这就导致了以智能算法为基础的教育数据服务具有“不公正”的伦理学意义。具体而言,一方面,虽然利用大数据技术,可以通过数据的相似性来预测个体的未来行为,但由于个体的生理、情感和心理都在与环境的相互作用过程中发生着演化和改变,这导致很难准确地把握教师和学生的利益需求,并为他们提供个性化的教育数据服务。另一方面,跨部门、跨领域的数据流动和共享机制有待完善,数据屏障制约着教育大数据的规模发展,而教师和学生的兴趣需求呈现出多阶段、多变和多层面的特点,如果不能及时进行有效的整合,将会导致多维度的数据丢失,从而导致以个性化需求为基础的智慧教育服务成为一种奢望。

第四节　智能时代教育数据伦理风险的治理路径

面对上述现实困境,智能时代教育数据伦理风险治理依然任重道远。具体而言,教育数据伦理风险治理涉及主体(教育数据伦理风险由谁来治理)、客体(教育数据伦理风险治理的对象是什么)、路径(主体与客体间的作用关系)三个方面。对于教育数据伦理风险治理而言,治理主体主要包括政府教育行政部门、学校、社会组织等群体;治理客体则是被治理主体所作用

① 罗俊.计算社会科学与人工智能[J].贵州师范大学学报(社会科学版),2016(6):40-42.

的目标事务，是数据治理活动展开的依据和中心；治理路径则是连接治理主体与客体的关键工具。在智能时代，有效推进教育数据伦理风险治理，将呆板的运算法和冰冷的数据资源变为实现科学决策、有效治理的“利器”，或许是未来实现教育数据治理体系和治理能力现代化的一条可行之道。基于前文所述，本书围绕教育数据隐私泄露风险防范体系、教育数据权益监管体系、教育数据伦理风险治理组织和“去偏见化”教育数据服务机制，提出智能时代教育数据伦理风险的治理路径（见图 3-2）。

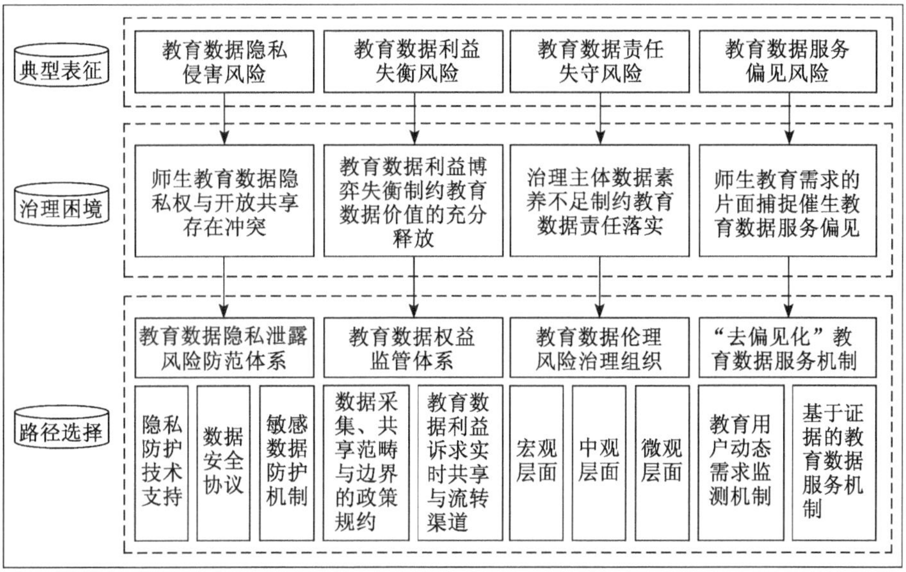

图 3-2　智能时代教育数据伦理风险的治理路径

一、尊重教育用户数据隐私控制权，优化教育数据隐私泄露风险的防范体系

随着人工智能、5G 等智能技术的发展，教育数据在网络上快速流通和共享，随之引起了人们对隐私保护和隐私权益等问题的广泛关注和讨论。目前，我国尚未建立起一套科学的、系统的、可操作的、可持续发展的，并基于数据隐私保护与知识产权保护的教育数据隐私保护机制。因此，应尊重教育用户数据隐私控制权，优化数据隐私泄露风险的防范体系。首先，教育数据伦理风险防范体系的优化应充分尊重教育用户的数据隐私控制权，可

通过加密、脱敏、日志跟踪、数据审计等技术手段以及一系列合法数据安全规范的支持，实现师生等主体教育数据隐私权的合理保护①。其次，建立具有强约束力的数据安全协议。学校可与教育技术服务实体签订学生和其他教育数据服务协议，对以下板块进行规约："收集哪些数据""为什么要收集数据以及如何使用数据(披露目的)""如何保护数据(机密性、使用限制)""如何进行数据安全审计""如何解决安全漏洞"等。最后，构建敏感数据安全存储与传输机制。对于敏感数据的安全传输，应当通过强密码和多级用户认证或加密电子邮件来完成，也应确保所有网站都用数字证书保护。在机密报告或包含机密信息的媒体发布之前，对其进行标记或盖章，且应防止未经授权的人员访问学校数据库，应在不使用数据库时将其锁定或关闭。

二、注重利益博弈规约，搭建教育数据权益监管体系

教育数据的采集、共享和流转等流程牵扯的因素比较多。这些因素之间的逻辑串联，必须以一定的有序的结构框架为基础。同时，在不同的群体之间，要想对教育数据的利益进行有效的协调，还应有相应的监管制度，以此为根本保证。因此，有必要注重利益博弈规约，搭建教育数据权益监管体系。一方面，通过规范教育数据收集、共享和流通等环节的权责边界，规范组织和个人等利益主体的数据权利和数据义务，防止由于权责不清而造成的利益不平衡，努力打破教育数据被机构或组织独占的局面，达到教育数据利益主体"共赢"的目的。另一方面，应该以人工智能、5G、云计算等智能技术为基础，构建跨主体、跨部门、跨领域的教育数据利益诉求实时共享与流转渠道，充分尊重教师、学生等各方对于教育数据流动和使用的知情权和监督权，通过为教育用户提供一个开放的平台来获取、监管教育数据；应完善教育用户的数据利益诉求反馈机制，构建教育数据利益关系的风险预警与化解机制；应重视对教师、学生等主体的教育数据的利益诉求进行挖掘，利用对教师教学效果、学生学习状态与轨迹等数据分析的结果，为教学优化提供证据支撑。

① 董晓辉，郑小斌，彭义平.高校教育大数据治理的框架设计与实施[J].中国电化教育，2019(8)：63-71.

三、立足数据素养培育，培育专业化教育数据伦理风险治理组织

治理主体的数据素养是决定数据伦理风险治理成效的能力基础，治理主体数据素养不足将制约教育数据责任落实。因此，极有必要立足数据素养培育，培育专业化教育数据伦理风险治理组织，这也是教育数据伦理风险识别与化解的迫切需求。首先，从数据主体、信息技术主体、学校管理者等多个角度出发，认识不同群体在理念、素养和价值观等多个层面上存在的较大差异，在此基础上，通过系统的数据素养培养和实践需求探寻，构建专门的教育数据道德风险管理机构。其次，区域教育行政部门可针对区域教育发展需求，制定数据伦理风险治理人才的数据素养标准，开展教师数据技能培训项目。再次，学校可适当开展数据素养培训课程，基于数据伦理风险治理队伍建设实况，根据数据治理渐进性的特点，分阶段持续性投入资金，加强技术队伍建设①，完善在线服务审查委员会、隐私政策制定和数据泄露响应团队等众多治理组织。最后，治理主体应主动提升自身的数据伦理风险识别能力与责任意识，深度挖掘教育数据采集、分析及使用过程中已出现的以及潜在的伦理风险，基于数据伦理风险的实际特征进行积极反馈与决策调整。

四、根植动态需求监测，构建“去偏见化”教育数据服务机制

对教育用户动态需求的精准把握是提升智能教育服务质量的关键。为避免教育数据服务的供给过程产生决策偏见，应打造一体化的教育数据采集、登记、存储等决策体系，根植用户动态需求监测，构建“去偏见化”教育数据服务机制。一方面，应建立教育用户动态需求监测机制。虽然教育大数据、人工智能和5G等技术给教师教学、学生学习和学校管理等工作带来了很大的方便，但是考虑到教师和学生所处环境的复杂性，以及他们的认知和思维具有发展性和多变性，因此，应该按照教师和学生的身心特征和阶段发展规律，对数据的存储和使用时间进行合理的设定，并对教育数据监测系统中的数据进行定期的实时更新，对多维度、多来源、多类型的教育数据进行有效的整合，为智能算法模型的运行提供高质量的数据支撑。另一方面，应

---

① 董晓辉.活动理论视角下高校教育数据治理体系构成要素研究[J].中国电化教育，2021(3)：79-87.

建立基于证据的“去偏见化”教育数据服务机制。在以教育用户动态需求为决策证据的基础上，应构建教育数据“采集—登记—存储—分析—服务”一体化决策机制，在处理数据、智能技术与人的相互关系时，遵循有用、无害的伦理原则，生成非偏见的教育数据服务方案，从而实现对教育用户的公正对待。

第五节 小 结

教育数据治理是教育数据服务优化、科学决策赋能、推进教育信息化的关键。在以人工智能、5G 和云计算等技术为核心的智能化时代，教育数据“爆炸式”收集、分析和应用带来了一系列的道德问题，如果管理不善，将制约“教育数据资产”的价值发挥。由此看来，明晰教育数据伦理风险的实然表征，厘定教育数据伦理风险治理的现实困境，最终凝练形成预警与消解教育数据伦理问题的有效路径，已成为智能时代推进教育数据治理的迫切诉求。在智能时代，教育数据伦理风险治理实践如何跳脱唯技术视角，利用数据资源与资产更好地为教育教学服务理应成为教育信息化变革的重要趋势。面对当前师生教育数据隐私权与开放共享存在冲突、教育数据利益博弈失衡制约教育数据价值的充分释放、治理主体数据素养不足制约教育数据责任落实、师生教育需求的片面捕捉催生教育数据服务偏见等治理困境，未来教育领域数据伦理风险治理除了要培育专业化教育数据伦理风险治理组织，优化教育数据伦理风险预警与防范体系，还应思考未来教育形态下如何激发数据智能与捕捉师生利益需求，提供个性化、智能化的教育服务，并通过法律约束与政策规约的手段，将数据伦理准则内嵌于教育数据治理中，最终实现智能时代教育数据伦理风险的有效防范与化解。

学校篇

Chapter of Schools

本篇主要探讨智能技术对校园建设的助益，共有两章。其中，第四章为人工智能赋能智慧校园建设。该章首先梳理了智慧校园的发展历程及建设困境，其次分析了人工智能在智慧校园建设中的应用优势，再次给出了人工智能场域下智慧校园建设的框架设计，最后指出了人工智能场域下智慧校园建设的关键路径。第五章为智能教育竞争力：智能时代学校发展新视角。该章首先指出了人工智能时代学校教育竞争力发展的新背景，其次分别分析了人工智能时代学校教育竞争力发展的技术逻辑和价值目标，并在此基础上提出了其发展的现实困境和基本路径。

第四章

人工智能赋能智慧校园建设

2017 年 7 月，国务院发布《新一代人工智能发展规划》，强调了人工智能在我国教育教学发展中的重要价值与地位。2018 年 4 月，教育部出台《教育信息化 2.0 行动计划》，强调各级学校须开展智能教学环境建设，推进人工智能在校园建设、教育教学等方面的应用。人工智能为智慧校园建设提供了更多的可能性与路径。本章尝试对人工智能场域下智慧校园的建设框架及路径予以分析，以期为我国智慧校园发展提供价值参照。

第一节　智慧校园的发展历程及建设困境

“智慧校园”这一新的理念被提出已有十多年的时间。在这十多年里，智慧校园的建设经历了种种困难，但又不断获得新的突破。本节对智慧校园的发展历程进行了梳理，并归纳出在这一过程中智慧校园建设所面临的若干制约因素，为构建智慧校园的建设框架奠定了基础。

一、智慧校园的发展历程

信息技术的飞速发展和更新换代为智慧校园的建设提供了有力的支撑，回顾智慧校园的发展历程，本书认为可以将智慧校园的发展划分为雏形阶段、1.0 阶段和 2.0 阶段三个阶段。

（一）智慧校园雏形阶段：以互联网等技术为支撑的数字校园

20 世纪 80 年代以来，伴随着教育信息化的发展，信息技术元素借助学校的硬件设施不断融入校园管理、教育教学和沟通交流等方面，校园的内在元素和互联网等技术的逐渐融合，由此产生了“数字校园”这一概念。数字图书馆、电子教案、门禁卡、校园一卡通等是比较常见的数字校园形态。数字校园的实质是利用网络通信等技术，对信息资源进行初步的整合与集成。数字校园的大规模建设与普及，首先引起了对“人—技”关系的深刻思考，使学者认识到互联网等技术是一种教育教学手段，它的发展与应用有着无限的可能性。尽管数字校园扩大了传统校园的空间维度，提高了教学效率，但是，在这个阶段，技术反哺教育的能力较低，仅仅依靠网络基础设备、数字化资源建设以及网络化交流载体的搭建，并没有给教学带来根本性改变[①]。人们渴望更好地理解和分析教学与学习，例如教师和学生数据的可视化、学生行为监测等。在此基础上，人们提出了构建智慧校园的要求。

（二）智慧校园 1.0 阶段：以现代信息技术为支撑的低阶智慧校园

2008 年，美国 IBM 首次提出“智慧地球”的概念，在此基础上，以信息技

① 黄荣怀，张进宝，胡永斌，等. 智慧校园：数字校园发展的必然趋势[J]. 开放教育研究，2012，18(4)：12-17.

术为基础,构建智慧化的空间与社区引起关注。众多高校及中小学尝试筹划及建设智慧校园,为师生提供个性化、便捷化、一站式的服务,智慧校园建设进入以现代信息技术为支撑的1.0阶段。这一阶段的技术表现有校园无线网、门禁系统的身份认证等,涉及的关键技术主要有物联网、计算机视觉技术等,主要特征有环境感知、网络无缝互通、信息化平台整合等,而且校园建设多采取分层架构方式。智慧校园1.0阶段极大突出了信息技术的集成功能,但在达成情境感知、大数据处理、学习状态识别等目标方面成效不佳,并未完全实质性地超越数字校园阶段,智慧校园建设尚处于低阶智慧阶段。

(三)智慧校园2.0阶段:以人工智能等新技术为支撑的高阶智慧校园

智慧校园1.0阶段受到情绪及行为捕捉、生物特征分析等技术并不成熟的制约,此阶段的校园形态智能化程度不高,技术的智慧潜能尚待进一步激发。智慧校园如何从低阶智慧阶段(智慧校园1.0阶段)走向高阶智慧阶段也是智慧校园变革的现实需要。从低阶智慧跨越到高阶智慧需要全新的技术支撑,而人工智能与这一发展趋势具有契合性,情感计算、自然语言处理、智能感知等智能技术有助于进一步推动校园形态的智能升级,智慧校园将从智慧校园1.0阶段迈入智慧校园2.0阶段(以人工智能等新技术为支撑的智慧校园)。智慧校园的发展历程见图4-1。在智慧校园2.0阶段,课程教学、学校管理、校园生活等方面的智能化发展成为智慧校园建设的关注重点。

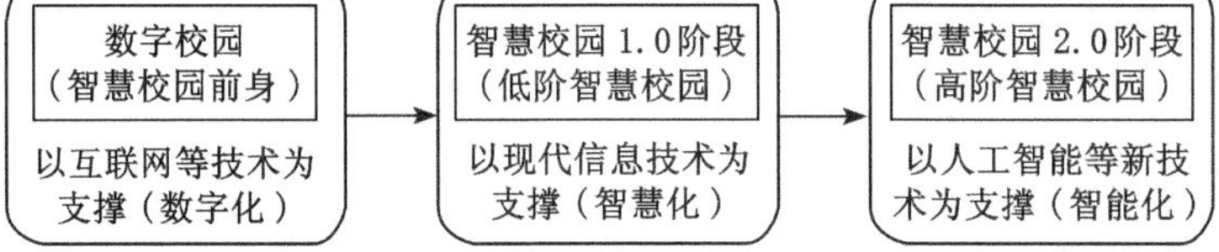

图4-1 智慧校园的发展历程

二、智慧校园的建设困境

我国智慧校园建设受诸多现实因素制约,众多校园的建设水平离真正智慧校园依然有不小差距。学者从不同层面对智慧校园建设的困境进行了论述。归纳而言,智慧校园建设的困境主要有以下三个方面。

（一）个性化教学活力不足

构建智慧校园的一个重要目的是要实现个性化教学。虽然智慧校园已经在部分层面上实现了“个性化”，但是由于缺乏对师生情感、行为、表情、言语以及人际关系等方面数据的有效覆盖，且这些数据很难用常规手段进行采集、测量和评价，很难对课堂教学活动、课堂学习互动、课后教学反馈等方面的特点和规律进行系统把握，易引发个性化教学缺乏活力的现实问题。总之，以教师为中心的教学模式并没有被彻底打破，对教育大数据的挖掘和整合仍然存在一定的难度，学生在学习需求、爱好、风格等方面的主体个性未得到充分尊重，以学生为本位的个性化教学资源设计、推送和评价任重道远。

（二）教育决策及服务成效较低

数据采集及分析、人机互动等技术给教育决策及服务的方式和流程带来了变化。但教育决策与服务仍然没有完全摆脱盲目主观思维等弊端。首先，我国教育政策制定和服务水平低下。学校各部门管理相对独立，数据共享和信息即时传播不同步，很难进行统一的协调和管理，导致在教育决策和服务中存在“顾此失彼”和“各自为营”的信息缺口。其次，在教育政策制定和服务中，应加强对资料的保护。在校园技术更新过程中，由于缺少对大量有价值的纵向历史数据的有效保护，造成了过程式数据的丢失，若仅仅依赖某一时刻的教育数据进行规律和趋势分析，则很难保证教育决策和服务可以满足不断变化的教师和学生的教育需求，这也是循证教育决策和服务难以实现的关键。

（三）校园生活服务人本化程度不高

以往智慧校园构建过程中，虽然在基础设施的建设上投入了大量资金，但是在校园生活服务方面却没有体现出人性化的一面。首先，大学生活服务在政策制定过程中没有以人的全面发展为重点，可以产生大量个体数据的餐饮、图书借阅、体育运动等方面的信息化服务建设不够深入，对这些信息的深度挖掘和大数据分析并没有给予足够的重视，也很少有学校管理者从师生日常生活行为规律与教育关系的角度进行探讨，并以此为基础来提高教育质量。其次，在教师和学生对学校安全的认知和感受上，仍有很大的提升空间。通过视频监控和刷卡进校园等管理手段,可以有效防止校园欺凌和校园犯罪,但是对于校园欺凌和校园犯罪等事件的动态监测和应对仍然主要依靠人工,不具备时效性和科学性。此外,受资金、人力等因素的制约,诸如心理服务预约、图书借阅等信息化服务还没有为用户提供及时、有效、多样化的感知体验。

第二节 人工智能在智慧校园建设中的应用优势

作为计算机科学的新形态,人工智能涉及研究、开发用于模拟、拓展人的智能的各种理论、技术及产品等方面,其为智慧校园建设困境的破解提供了更多可能性。

一、人工智能助力个性化教学

在传统智慧校园的建设中,虽然教育教学具有一定的智慧特性,但是在个性化的层面上还处于初级阶段。机器学习、自然语言处理等智能技术,能够实现对教师和学生的个性化特征与需求的动态捕捉,从而有助于进一步提高个性化教学效果。首先,对教育大数据进行精准收集与分析,是实施个性化教学的基础。人工智能与大数据分析技术相融合,有助于实现对教育大数据的精准采集、有效筛选以及科学分析,从而有利于深入挖掘教育教学的特点和规律。例如,典型的机器学习模式可通过神经网络、遗传算法、资料探勘等技术方法,对教育数据的逻辑关系进行图谱呈现,并进行数据预测①。其次,通过对教育大数据的准确收集和智能分析,可精准诊断教学薄弱点及难点。不仅可以利用知识图谱进行智能构建,为师生分类推送具有个性化的教育教学内容,还可以利用智能分析有效捕获学生的学习行为、兴趣及潜力,从而真正做到因材施教,并定制与学生个体特点及需求相匹配的教学方案。例如,自然语言处理的教育应用可通过分析学生的答案给予评

① LYKOURENTZOU I, GIANNOUKOS I, NIKOLOPOULOS V, et al. Dropout prediction in e-learning courses through the combination of machine learning techniques[J]. Computers & education, 2009,53(3):950-965.

分以及进行学习问题诊断①。

二、人工智能赋能精准教育管理

传统的信息化决策手段存在一定的局限，很难对教育全过程、全主体数据进行筛选统整，而人工智能的自适应技术、情感计算等为教育精准管理提供了参照数据。首先，在精准教学管理方面，人工智能通过智能教务系统、智能教学服务系统、智能作业批改系统等应用为动态采集教学数据、精准推送数字资源、科学评价教学成效、择优生成教学策略等提供便利。教师及教学管理人员可根据智能数据分析结果，洞悉教学现状及发展趋势，精准调整教学安排。其次，在精准学校管理方面，智能技术可以动态监测并分析复杂多变的教育主体，对教育场景活动进行动态数据抓取。学校管理者可以基于人工智能平台对教师、学生等人员的情感状态分析，为教育用户提供精准的教育资源服务，并及时调整教育系统运行中存在的核心漏洞与潜在风险。

三、人工智能便捷校园生活

智慧校园的校园服务虽然已经初步形成了多元化的局面，但是在用户服务和体验方面还有待进一步优化。智能传感、人脸识别、自然语言处理等智能技术为图书借阅、安全管理等带来了新的发展机遇，这将对促进校园生活服务及空间的智能化发展有所帮助。首先，随着信息化时代的到来，大学生活智能服务越来越凸显便捷、即时等特性。在高速、智能互联的网络条件下，人工智能可以帮助校园增强信息获取和即时服务的能力，提高校园用户对环境及时、全面的感知能力。其次，在智能化的条件下，学校的服务更为高效与个性化。利用智能技术，校园安全服务可以更加迅速地识别出校园中存在的安全风险。校园电子图书资源借阅服务能够快速为师生提供个性化的资源导航和推荐，校园在线心理咨询服务可以快速判定师生的心理健康状况，以及精准提供心理危机的预警干预策略。

---

① HUR B, HARDEFELDT L Y, VERSPOOR K, et al. Using natural language processing and VetCompass to understand antimicrobial usage patterns in Australia[J]. Australian veterinary journal, 2019,97(8):298-300.

第三节　人工智能场域下智慧校园建设的框架设计

智慧校园建设的核心是引进先进信息技术与技术设备，将学校服务智能化升级，基于对智慧校园建设困境的探讨分析，结合人工智能在智慧校园建设中的应用优势，本节提出人工智能场域下智慧校园建设的框架设计。

一、人工智能场域下智慧校园建设框架的设计依据

校园建设的核心是维护教育主体的需求并保障校园活动的正常开展，智慧校园建设如若脱离教育主体需要便如空中楼阁一般，难以在实践中落实。据此，本节总结了人工智能场域下智慧校园建设框架的设计需求和设计思路。

（一）人工智能场域下智慧校园建设框架的设计需求

智慧校园建设的核心是关注校园中教育主体的活动，保障他们的核心利益需求。因此，人工智能场域下智慧校园建设框架的重要依据是校园内部人的需求。校园的核心活动是教育教学活动，因此师生自然是智慧校园的核心主体。另外，教育教学依托于教育管理的有序进行，故教育管理者将成为师生以外的另一重要主体。同时，教育合力也要求家长参与孩子的教育。此外，人工智能场域下智慧校园建设离不开相应的技术供应及支持，技术供应商及技术人员也将参与智慧校园建设。综上，人工智能场域下智慧校园中的主体包括教师、学生、家长、教育管理者、技术供应商及技术人员等。人工智能场域下智慧校园的主体关系见图 4-2。

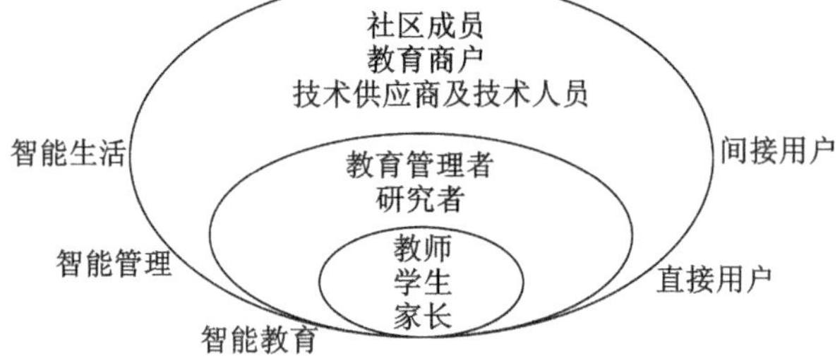

图 4-2　人工智能场域下智慧校园的主体关系

教育用户的需求是人工智能场域下智慧校园建设框架设计的重要依据。人工智能场域下智慧校园中的主体需求见表4-1。从学生层面来说，人工智能场域下的智慧校园建设应关注学生的学习兴趣的激发、高效率学习策略及学习行为改进等方面的学生需求。从教师层面来说，人工智能场域下的智慧校园建设应考虑如何满足精准掌握学生的知识储备状况及学习表现状况、高效做好教学准备等方面的教师需求。从学校管理者层面来说，人工智能场域下的智慧校园建设应关注师生教育数据的精确挖掘、分析和发现学校的异常行为等方面的学校管理者需求。从家长层面来说，人工智能场域下的智慧校园建设应兼顾学生学习进展追踪、学生不良行为监测等方面的家长需求。从技术供应商及技术人员层面来说，人工智能场域下的智慧校园建设应关注可能问题预警、硬软件设备运行及使用状况监测等方面的技术供应商及技术人员需求。

表4-1　人工智能场域下智慧校园中的主体需求

参与者	需求
学生	学习兴趣的激发 高效率学习策略 沉浸式互动 改进学习行为及路径
教师	精准掌握学生的知识储备状况 高效的教学准备 精准掌握学生表现状况 高效的学校行政工作
学校管理者	师生教育数据 学校的工作数据 分析和发现学校的异常行为
家长	孩子学习进展追踪 掌握孩子不良行为 家校合作资讯 学校与教师对孩子的干预
技术供应商及技术人员	硬软件设备运行及使用状况 师生对技术的新增需求 可能问题预警

(二)人工智能场域下智慧校园建设框架的设计思路

设计思路是智慧校园建设的灯塔。归纳相关研究可知,智慧校园建设框架较多采用分层设计,一般较为注重基础设施层、数据平台层、应用终端层、技术规范层等层次的设计。分层设计容易陷入一个误区,即此做法往往以技术和管理为中心,易忽视对智慧校园建设中用户需求以及教育本质的关注。因此,在人工智能场域下智慧校园建设框架的设计方面,应采取以用户为中心的分层设计理念,不仅要考虑教育应用服务、数据处理、基础设施之间的整体协调,还要考量技术的规范化发展及应用,具体可遵循"用户服务为先,设施为基础,数据为关键,规范为墙"的准则。人工智能场域下智慧校园建设框架的设计思路见图 4-3。

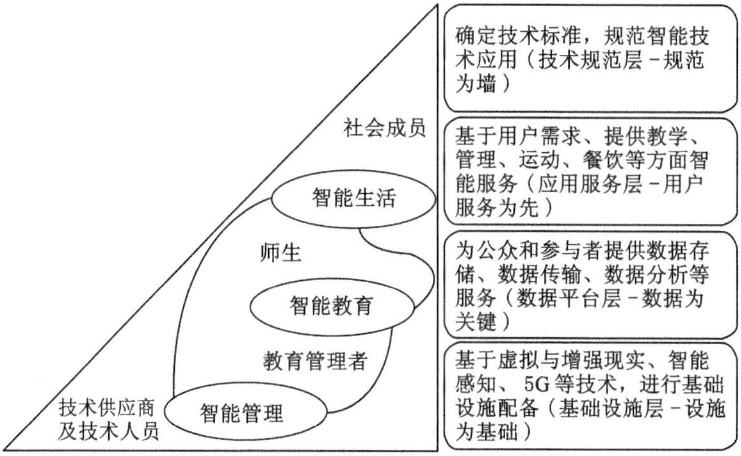

图 4-3　人工智能场域下智慧校园建设框架的设计思路

第一,用户服务为先。用户服务为先体现了以人为本的设计理念。在应用服务层面,应该使用人工智能等技术,为学生和教师等用户提供个性化、便捷化的服务,促进教育教学、教育科研、校园生活、家校合作等方面的智能提升,促进和谐师生关系的发展、教学技术的变革、教育空间的延展。

第二,设施为基础。在基础设施层面,通过 5G 和智能感知等新一代信息技术的融合,实现虚拟校园和实体校园之间的无缝连接,促进教育空间的拓展。通过基础设施,教师和学生的行为、情感、学习方式、教学特点、学习需求、管理需求等都可以被全面感知和传递,这是人工智能支持下的智慧校园可以正常运行的基本保证。

第三，数据为关键。在数据平台层面，实现海量教育数据的存储、传输和分析。在人工智能的支持下，数据是智慧校园中最重要的资产。人与物的状态与需求、活动的进行与反馈、管理的发布与执行、人与人之间的交互与交流等都离不开数据平台的高效运行。此外，数据还是实现用户个性化服务的重要载体。

第四，规范为墙。在技术规范层面，人工智能支持下的智慧校园，将用户暴露在了全方位的感知和扫描之中，这必然会让师生更加担心自己的隐私。此外，与人工智能等技术有关的算法和数据会带来伦理风险，这在某种程度上要求智慧校园需要有一定的技术规范作为防线。

二、人工智能场域下智慧校园建设框架的系统架构

基于构建需求及构建思路，本部分内容对人工智能场域下智慧校园建设框架进行顶层设计：秉承以用户为中心的服务理念，适当体现分层设计思想，且遵循“用户服务为先，设施为基础，数据为关键，规范为墙”的准则，涉及基础设施层、数据平台层、应用服务层、技术规范层等四个层面。基于顶层设计，本节提出人工智能场域下智慧校园建设框架，见图 4-4。在此框架中，基础设施层是数据平台层、应用服务层、技术规范层得以运转的基本前提，数据平台层是保障智能教育、智能管理、智能生活等服务得以实现的关键载体，应用服务层应秉承用户服务为先的价值理念，技术规范层应对基础设施层、数据平台层、应用服务层所涉及的“人—技”关系及数据信息予以监测与约束。

（一）基础设施层

基础设施层是智慧校园平台的基础设施保障，智能服务的实现离不开高速、泛在的网络软硬件设施支持。具体来说，基础设施层主要包括硬件设施、软件系统、资料库服务器。硬件设施为软件系统的运行和应用服务提供了物质载体。硬件设施涉及智能定位设备、智能感知设备等，相关设备的配置有助于为实现位置精确定位、校园智能互联互通等功能提供基础条件。软件系统是基础设施层的核心，包括智能视觉系统、物联网、语音识别系统、生物特征识别系统等方面。软件系统通过对校园中的教学、管理、生活等数

据进行实时捕捉与存储，并上传到数据平台层，为教育大数据分析、精准个性化教育等功能的实现打下了基础。资料库服务器的数据存储应遵循统一的架构要求与协调规则，为智慧校园的海量资料与数据信息提供了合适的载体。

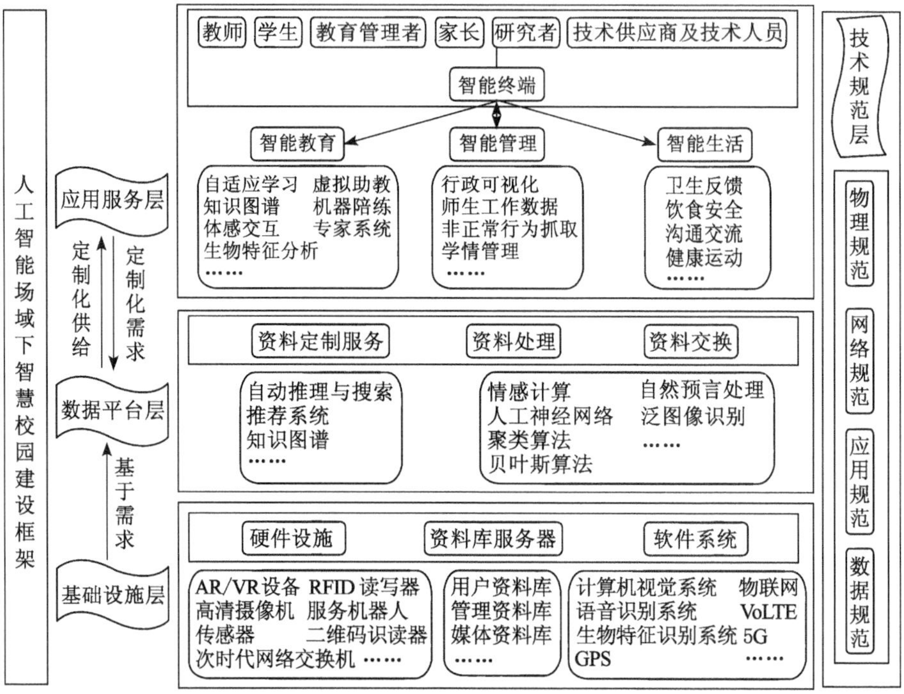

图 4-4 人工智能场域下智慧校园建设框架①

（二）数据平台层

数据平台层是实现智慧校园云端运算及校园服务能力得以实现的核心，它的主要作用是对数据进行运算处理，为智能教育、智能管理、智能生活等应用服务的改进提供信息和方案支持。相较于传统校园的数据处理方式，人工智能技术下的数据处理具有个性化、筛选性及预测性等特征。第

① 图 4-4 中：AR，是 augmented reality 的缩写，译为增强现实；VR，是 virtual reality 的缩写，译为虚拟现实；RFID，是 radio frequency identification 的缩写，译为射频识别；VoLTE，是 voice over long-term evolution 的缩写，译为长期演进语音承载；GPS，是 global positioning system 的缩写，译为全球定位系统。

一，在个性化数据处理方面，可借助特有算法来达成，譬如通过聚类算法、贝叶斯算法等从学生行为数据库里区分出不同的行为类型，概括出群体行为的模式或习惯，以便对用户行为利弊的识别与优化提供支撑基础。第二，在筛选性数据处理中，可以利用知识图谱、智能文本分类等技术来完成对信息的抽取与整合，从中挑选出比较有价值的教育信息，依据教育信息的来源及类别对其进行分类组织及管理，满足教师、学生、管理者等不同利益相关者的个性化需求。

（三）应用服务层

应用服务层是智慧校园建设的出发点和落脚点。应用服务层主要涉及智能教育、智能管理和智能生活等应用服务。在应用服务层建设过程中应采用开放、整合、协同的智能服务架构，应符合师生认知风格以及技术接受需求、便于技术操作，应为用户提供终端体验服务。第一，在智能教育方面，应用服务层以智能化的课堂教学和在线学习为核心，实现了多种功能，例如它可以收集学生的学习数据（课堂表现、作业完成情况、考试成绩等），并将这些数据进行分析和处理，从而构建出完整的教学画像及学业画像。此外，应用服务层还可以根据不同的教学目标和学习需求，定制个性化的教育服务，以便学生可以获得更好的学习效果。第二，在智能管理方面，应用服务层以教学、后勤、设备、信息等方面的智能管理为指向，各管理层级之间信息独立流动，但在需要联动时又进行信息共享，以实现精准且有效的决策与服务。第三，在智能生活方面，应用服务层可为校园主体的交通、运动、交流、卫生、娱乐等提供资讯与服务，并打造智能且便捷的一体化校园生活空间，实时监测用户身体、心理、交际等方面的状况与需求，实现用户个性化生活管理的目标。

（四）技术规范层

技术规范层是信息交换、技术使用、技术服务、技术伦理、信息安全等方面的标准和规范，涉及物理规范、网络规范、数据规范、应用规范等方面。物理规范涉及设备检测、设备安全等；网络规范涉及入侵防范、恶意程序代码防护等；数据规范涉及存储规范、传输规范等；应用规范是对各应用系统（例如教务系统、财务系统等）进行技术标准设定以及技术防护。技术规范层的构建，是对科技理性运用的一种有效应对，是智慧校园在人工智能领域中运作的一道防线。在人工智能领域下，智慧校园的技术规范层应该将技术风险的防范和预警作为工作重点，强化对智能技术的监管和技术伦理的规范，避免技术给学校组织成员带来消极的困扰。

第四节　人工智能场域下智慧校园建设的关键路径

人工智能场域下智慧校园建设不能仅仅关注其系统架构，还应有具体的建设路径，以保障智慧校园建设顺利开展。

一、创设泛在互联型的智能教育环境

智能技术应用于教育环境中，应注重泛在互联型的智能教育环境的构建，为学生泛在学习提供空间支持。首先，在智能学习环境创设方面，可基于5G、人脸识别、语音识别等技术的系统布局，构建VR、AR教学云平台，塑造突破地理限制的、沉浸式的在线学习环境，促进校内及跨校虚拟学习社区的创设[①]，对学生线上学习时的情感和注意力状态进行实时监控，充分发挥智能导师系统、智能同伴助手的学习支持作用，利用教育大数据平台为学生在线学习提供更多的机会与资源。其次，在智能教学环境创设方面，应注重物联网、教育专网等多类网络的集成与整合，形成智能互联的校园网络环境和线上线下相结合的泛在教学空间。教师可根据教学需要灵活地进行教学终端切换，打破各教学终端的技术壁垒，促进教师在网络教研社区中实现跨校在线教研，以便改善实体课堂教学的文化氛围，提升教师的在线教学质量。

二、搭建师生本位的智能教育资源及决策服务平台

教育人工智能资源及决策服务在一定程度上影响人工智能时代智慧校园的建设质量，应充分体现“以用户服务为中心”的核心理念。因此，搭建师生本位的智能教育资源及决策服务平台十分重要。首先，在智能教育资源服务方面，应该利用智能技术将各类资源整合，建立智能化且多样化的网络

① 陈琳，王蔚，李佩佩，等.智慧校园的智慧本质探讨：兼论智慧校园“智慧缺失”及建设策略[J].远程教育杂志，2016，34(4)：17-24.

教育资源库。学校可尝试整合慕课、在线精品课程、网络公开课、微课等资源,也可通过智能监测及评量师生的资源需求、资源使用行为等情况,动态把握师生教育资源需求的变化轨迹,从而更好地进行个性化资源供给。其次,在智能教育决策方面,对师生的教育学习状态进行及时定位,依靠人工智能在题库生成、作业批阅、学业诊断等方面的技术优势,持续优化教育人工智能算法,实现对学生能力、心理健康状态、学业进步状态等方面的智能评价,选择最符合经济与时间效益的方式来解决教育教学问题,提升教育人工智能决策的科学性。

三、统筹构建智能教育大数据的治理体系

数据治理是影响教育人工智能发展的关键因素,统筹构建智能教育大数据的治理体系,对审查与调控智能教育的数据服务方向极具现实价值。首先,应注重智能教育数据的质量管理。数据质量管理的目的在于保障数据在采集、存储、共享和使用过程中的准确性、完整性和可靠性,为科学决策提供有效支撑。当前智能教育发展迅速,智能教育系统应注重数据的采集、存储和使用过程中的质量管理,学校应与技术专业人员、技术开发商等相关人士携手共建数据质量管理委员会,统筹治理数据采集、数据筛选、数据共享、数据服务等过程,通过系统流程管理、制度设计、技术应用等多方面措施,保障数据采集过程中的准确性、完整性和有效性。其次,应加强对教育大数据采集及分析流程的动态监控。应构建具有可操作性的教育数据质量评价指标体系,动态监测教育数据处理过程中的异常现象;也应构建教育数据的监管制度①,保证教育数据的科学采集、便捷传递、精准分析及清晰呈现。最后,应提升学校层面的数据治理能力,完善数据使用规则。智能教育系统应遵循国家有关法律法规和标准规范,通过构建相应规则体系,明确智能教育系统内部各主体权责,为智能教育系统有效运行提供制度保障,引导管理者和师生合理反思信息安全、隐私安全等问题。

---

① NISSAN E. Digital technologies and artificial intelligence's present and foreseeable impact on lawyering, judging, policing and law enforcement[J]. AI & society, 2017, 32(3): 441-464.

四、优化智能技术监管机制及伦理规范体系

智能时代的智慧校园建设应该注重智能技术监管机制及伦理规范体系建设，规范人工智能的作用空间与作用过程。第一，应完善教育人工智能算法及数据监管制度。教育人工智能的成效在一定程度上依赖于算法及数据，如若教育用户对于算法设计的过程、原则以及漏洞风险不了解，数据的采集与分析便会出现一定的偏差，因此需要建设人工智能伦理、算法及数据监管制度，最大限度地保障用户数据的隐私安全以及采集。第二，应构建具有约束性的教育人工智能伦理规范。在教育人工智能的开发及应用过程中会牵扯不同参与者的利益诉求，一方面需要建立教育人工智能职业标准，另一方面也应该由教育行政部门、学校、家长等核心参与者共同组建教育人工智能伦理审查委员会，消解不同利益诉求冲突带来的伦理风险，引导教育人工智能的发展方向，保障教育公共利益目标的实现。

第五节　小　　结

人工智能通过赋能智慧校园建设，促使校园形态朝向智能校园大步迈进。对于智慧校园的建设而言，人工智能的应用潜力与空间究竟有多大，尚待进一步探索，也需进一步反思与消除教育人工智能的伦理及安全风险。对于未来人工智能场域下智慧校园建设而言，应确保相应的建设框架设计及实现符合教育公共利益及师生发展。人工智能时代智慧校园的建设不可盲目追求智能技术的进步与更新，更不要忘记“人”才是人工智能时代智慧校园建设的核心，应注重校园人文关怀及学校成员发展，将教育公共利益放在首要位置。人工智能助力智慧校园建设与发展，还有漫漫长路要走，技术监管团队的组成、复杂应用系统的整合、技术创新人才的培育、校园环境和设施的建设、技术标准的规范、技术安全的维护和保障等环节均充满挑战。在未来教育中，如何促使人工智能场域下智慧校园的建设兼顾技术效能与人文关怀，值得诸多学者进一步探索。

第五章

智能教育竞争力:智能时代学校发展新视角

学校教育竞争力发展程度是衡量一个学校基础设施、师资力量、教学水平等方面综合实力的核心要素。为此,有必要对我国学校教育竞争力建设中存在的技术逻辑和现实困境做进一步的研究与分析,为人工智能环境下学校教育竞争力发展路径提供有益借鉴。

第一节　人工智能时代:学校教育竞争力发展的新背景

2017 年 7 月，国务院印发《新一代人工智能发展规划》，提出了智能教育这一概念，并指出要加快人工智能在教育、管理等方面的应用。同年 10 月，人工智能出现在党的十九大报告中，人工智能已上升为我国提升国家竞争力的国家战略。2021 年举办的国际人工智能与教育会议提到，要树立以科技创新促进智能时代教育发展的理念，加速推进人工智能与教育深度融合。近年来，随着教育发展诉求的不断变化，竞争元素也被引入学校办学，给学校教育带来了巨大挑战。要想有效地提高学校的教育竞争力，推进学校教育的内涵化发展，应当从多个角度出发，从教育理念、教学方式、课程设置等方面推进学校教育改革。

人工智能时代的到来，对制造业、医疗保健、供应链等行业产生了重大影响，也引发了教育领域众多学者对于“人工智能时代如何助力学校教育竞争力发展”的思考。目前，人工智能主要处于弱人工智能阶段，弱人工智能阶段主要体现在人工智能能够像人类一样思考、想象和记忆，能够从已有经验中进行学习，它可以通过不断地适应环境来调整自己的行为，从而更好地适应未来的变化。随着以弱人工智能与大数据、5G 等技术相结合的人工智能时代的来临，为了满足学生对个性化、多样化、智能化教育的需要，学校教育正在转向智能化发展。新技术的运用，例如机器人助手、智能感知系统、数据分析系统、智能评估系统等，让学校管理者和教师可以更快、更准确地掌握教育主体的需要，并据此做出个性化的决策和指导。以往学校发展主要依靠人类智慧的基本逻辑已无法赋能学校教育竞争力快速提升，人工智能时代带来的智能技术成为助力学校教育竞争力强势增长的关键所在。这种变化在短期内可能不够显著，但具有前瞻性与发展性视角的管理者将抓住时代的红利，为学校发展获取更多的技术资源与实践机会，学校教育竞争力发展将迎来“机器智慧”与“人类智慧”的合体指导。

对于学校教育竞争力来说，竞争一词包含了比较、追求胜利等含义，教育竞争力的强弱在很大程度上取决于人才培养的质量，因此，学校教育竞争力的高低也成了中小学校教育现代化发展的一个重要方面。学校竞争力的强度，不仅要以学校的整体实力为基础，更要以学校自身的发展水平为基础。学界对于学校教育竞争力的关注视角存在一定差异。吴晓怡等认为学校教育竞争力应该关注学校的教育资源、教育投入、教育规模、教育效率①。吴雪萍等认为应关注学校教育的人才培养能力、知识创新能力与社会发展能力②。综合来看,有关学校教育竞争力的维度主要涉及教学、管理、师资、校园建设等方面,本节从教学竞争力、管理竞争力、师资竞争力、校园竞争力等四个方面来探讨人工智能时代学校教育竞争力发展的结构向度。

一、教学竞争力

学校作为一种特殊的教育机构,其运作有赖于对课程的设计和实施。在学校课程教学领域中,拥有一定专业素养的学科教师是最重要的教职员工,他们的教学效果直接影响着学校的整体实力。首先,基于人工智能技术,教师、学生的教与学交互活动可被放置于智能教学环境中,知识建构将不再仅仅局限于书本所包含的知识,而是根植于富有创造力和生长性的技术情境。其次,智能教学系统通过构建高质量教学资源优化迭代机制,促进校本数字资源共建共享落地生根,为实施各类线上线下融合的教学模式提供基础保障性供给、均衡普惠性供给与市场化个性供给相结合的多层次资源供给服务。最后,智能技术融入教学也带来了新型的教学形式,例如深度学习、智慧教学、翻转课堂、精准教学等。综上,课程教学是人工智能时代学校教育竞争力发展的关键抓手,教学竞争力是智能时代学校教育竞争力的核心成分,如何提升教学竞争力将对智慧教学质量提升产生重要影响。

二、管理竞争力

传统校园管理是利用数据集,通过循因判断而做出相应的管理决策以优化学校现存问题。智能技术与大数据在校园生活各个方面的广泛运用促进了学校管理形态的智慧转型。首先,智能感知系统能够实时监控管理者、师生等人的在校情况与行动轨迹,对可能出现的危险事件提前进行预警,能够切实保障师生的人身安全,构建校园安全管理防范机制。其次,基于大数

① 吴晓怡,张雅静.中国数字经济发展现状及国际竞争力[J].科研管理,2020,41(5):250-258.

② 吴雪萍,袁李兰.澳大利亚跨国高等教育竞争力提升策略研究[J].比较教育研究,2021,43(7):56-64.

据的教育监测体系促使学校管理从循因思维走向循证思维。当管理者做出教育决策时，可利用来自师生等人的多维数据进行可视化分析①，精准绘制学生学习的动态发展轨迹，为学校教学改革、环境优化等提供证据支持。

三、师资竞争力

教师是学校教学水平高低的决定因素，因此，在提高智能教育质量方面，教师个人是否具备较强的智能技术应用意识和操作水平，显得特别关键。智能时代的到来，给教师的个人专业发展带来了帮助，也给教师教学带来了挑战。一方面，智能研修平台、智能教学系统等技术产物为教师专业成长提供了丰富的资源，教师可以借此提升自身的信息素养，优化专业能力。同时，基于智能技术衍生出的智能机器人、人工智能(AI)助手等产品又可协助教师教学，为教师减负。另一方面，在智能时代，学校应尝试在智能教育意识、智能教育应用能力、智能教育评估能力等方面提升教师智能教育素养，校本化培育适应智能时代教育发展的高素质师资队伍。如何提升教师个体的智能教育素养，将成为衡量未来学校师资竞争力的关键指标。

四、校园竞争力

人工智能的出现与应用为传统数字校园或智慧校园的形态升级提供了新的手段与工具。与传统数字校园相比，智能校园能够及时提供服务，减少工作量，降低运营成本。校园形态的竞争力是学校教育竞争力的重要体现。首先，在智能时代，可利用智能感知、大数据等技术自动监控校园设施与空间，同时对教师、学生的教学活动状态进行情感计算与智能辨识，为校园中的教育用户与工作者提供优质资源服务。其次，借助智能技术，学校能否为教师、学生等教育用户提供个性化的教学与学习支持，能否不受时空限制为教师、学生提供图书资料、校园生活等方面的智能化定制服务也是学校综合竞争力的重要体现。

---

① OLMOS M，CORRIN L. Learning analytics：a case study of the process of design of visualizations[J]. 2012，16(3)：39-49.

第二节 人工智能时代学校教育竞争力发展的技术逻辑

在智能时代,人工智能作为新一轮科技革命的重要驱动性技术,不仅推动着城市数字化转型,同时也为学校教育竞争力创新发展提供了新的技术支撑。人工智能运行的三大基石分别为算法、技术与大数据。基于人工智能时代的技术升级与转型的现实背景,立足关于人工智能时代学校教育竞争力发展的内涵阐述,本节尝试厘清人工智能时代学校教育竞争力发展的技术逻辑。

一、智能感知助力教学信息精准采集与监测

智能感知和识别技术包括信息收集、识别和分析等环节。智能感知和识别技术通过对教育用户进行特征提取,将提取到的数据信息进行及时传输与快速分析,以此解读相关的教学信息。基于此,智能感知有助于教学信息精准采集与监测,进而可帮助教师对学习者开展个性化指导,并实现基于证据的精准教学。对传统教学而言,教师多通过主观经验判断进行学情分析,此种经验式分析结论很难精准捕捉学生的学习需求。基于智能感知技术,可实现对学生特征的智能感知与及时反馈,并为教师绘制学习者的学习图像。根据学生个人的学习图像,基于对教育用户的全时段监测,教师可开展智慧教学,及时了解学生存在的疑惑,为学生提供具有针对性的指导,并对教学设计进行有针对性的调整与优化。

二、数据挖掘助推学校管理样态循证化转型

通俗来讲,数据挖掘是从大量的数据之中挖掘出数据蕴含的潜在规律、提炼出具有价值的知识的过程,其有助于推动学校管理样态循证化转型。其一,传统学校管理中用到的教育数据很多是非线性的,而借助数据挖掘技术重新组织教育数据,可将非线性数据线性化,大大提高了管理的及时性与高效性。其二,基于数据挖掘,学校管理者可以精准定位校园管理中的漏洞,有效提高校园管理决策的科学性。其三,借力数据挖掘技术,揭示教育用户行为趋向,建立教育用户行为模型,通过此类模型揭示出其数值背后的潜在信息,继而帮助管理者理解教育用户行为表现,可提前预测其行为取向

并制定相应的应对策略。

三、机器学习促进教师教学设计与指导素养提升

作为人工智能技术的一部分，机器学习可以通过对外部数据收集和分类来实现自主学习。机器学习可以充当教师专业成长的工具和伙伴，还可以为教师的教学设计和教学指导素养提升提供有效的支持。首先，利用机器学习技术，对每一位学生的知识水平、学习速度、学习方式等进行分析，找出学生个体的学习偏好和学习方式，可为教师进行精准的教学设计，并可根据学生的学习情况，为学生提供最优的学习资源。其次，机器学习系统能够在数秒之内，利用自动对话来解决最普遍的问题，还能够帮助教师提升教学指导能力，帮助教师完成一些日常工作，缓解教师的工作压力，使教师能够把更多的时间花在教学上。

四、数智融合赋能校园智能空间多维度延展

数智融合（大数据与人工智能的融合）意味着传统大数据技术的智能化升级，体现了数据模块智能化发展的理念。首先，数智融合赋能校园建设的核心是在校园原有数据集合的基础上，利用大数据、物联网、云计算、5G等智能技术，突破传统意义上的数据孤岛，将管理层数据、教师数据、学生数据与学习数据紧密联合起来，实现校园内部数据的互动流通，创设开放融通的校园环境。其次，数智融合技术可将各类云学习资源有效统整，不仅使学习者的学习空间与学习自由度得到有效拓展，还有助于推动家校互联互通。家长可及时掌握孩子的在校状态，减少焦虑情绪，也可在学校智能教学平台或学校后勤网络平台上进行问题反馈，与学校工作人员取得直接沟通，以提升家长对学校的信任度。

第三节　人工智能时代学校教育竞争力发展的价值目标

结合人工智能时代学校教育竞争力发展的结构向度与技术逻辑，本节立足教学、管理、师资、空间等四个层面，进一步阐述人工智能时代学校教育竞争力发展的价值目标。

一、教学层面:搭建“形式多样、场景智能”的教学样态

人工智能时代教学竞争力发展应关注学科教学的育人功效提升,如何借助智能技术有效转变传统教学形式,呈现形式多样化、场景智能化的教学方式,决定了教学效果与教学质量。人工智能可为教学形式转变、教学资源配置提供设计框架,这在一定程度上有助于搭建“形式多样、场景智能”的教学样态。首先,借力人工智能技术,可在课程教学场域构建形式多样的智慧教学样态,虚拟教学、远程教学、精准教学、个性化教学等多种教学形式成为人工智能时代课程教学不可忽视的教学元素。如何借力人工智能技术实现教学形态的数字化转型,为教师教学实践及学生个性化学习提供支撑,是学校教学竞争力的重要体现。此外,学校可以通过多种方式来提高学生的学习效率和质量,智能评价系统、交互式学习平台、在线辅导平台等均可为学生提供更多的学习机会,提高学习效率与学习质量。其次,立足情感智能技术构建沉浸式教学环境。情感计算、生物识别等智能技术为虚拟学习社区的高效构建提供了技术基础,学生足不出户便可以看到仿真画面并体会到多样化的感官刺激。人工智能技术可以引导学生从多方位、多角度进行教学环境感知与学科知识建构。

二、管理层面:构建“数据为基、情感为石”的管理模式

对于学校管理转型而言,人工智能具有促进作用,其可以通过生物识别和自然语言处理等技术实现对教育主体教学行为语言、行为、表情数据的识别、分类、提取和分析。由于情感智能技术尚存较多技术难点,很难替代人类情感层面的育人功效。从学校管理竞争力发展角度来看,有必要基于人工智能技术特性,着力构建以数据为基础、以情感为基石的现代化学校管理模式。首先,学校管理者可以运用人工智能技术,对数据进行精准量化、分类归档,开展科学分析并进行个性化跟踪,及时发现学校管理中存在的漏洞与管理机制的缺陷,对教育风险问题进行及时预警和控制。例如,可以通过学生个人的行程轨迹、每日体温数据监测学生个人的身体健康状态,以便更好推动学校安全管理。其次,在学校管理活动中,虽可以依靠许多智能统计工具对学校教育数据进行可视化评测,但考虑到学校管理中同时存在难以量化的教育数据,学校管理者仍应主动参与依赖情感交流的管理活动,谨防

智能技术越俎代庖。例如，尽管学校管理者可以通过数据分析结果发现问题学生与问题教师，但若其与问题学生、问题教师间的沟通缺乏情感共鸣与人文关怀，则很难有效改善学校管理文化。

三、师资层面：树立“人机协同、技为人用”的教师发展思维

随着人工智能的广泛应用，为使其发挥最大价值，应以互动合作的视角看待教师与技术的关系。美国技术哲学家伊德将人与技术的关系表达为：人—技术—世界。此时的技术主要是以人本身为出发点来对外界产生作用，技术与人本身是一个整体。在人工智能时代，学校师资竞争力发展不应忽视技术的支持与辅助作用，有必要树立“人机协同、技为人用”的教师发展思维。首先，应明确教师和人工智能各自的独特优势。教师利用人工智能技术能够高效处理、分类、反馈教育教学信息等属性，以机器性能来代替机械的教学工作，从而提高教学效率。然而，教师也应将自身在共情、关怀、社交等方面的能力优势充分发挥出来，以更好地适应智能时代的变化。其次，应明晰智能时代教师发展思维的基本向度，引导教师通过技术讲座、技术培训等方式提升自身信息素养。此外，教师可将类似重复的审阅工作、信息标记工作适当交给人工智能操作，节省自身工作时间，以便将更多的精力投入专业学习过程。

四、空间层面：呈现“智能渗透、伦理浸润”的校园生态

人工智能时代校园建设关注智能空间扩展，致力于通过智能技术的横向覆盖和纵深推进来拓宽智能技术覆盖范围的广度与深度，进而促进学校教学模式、学习渠道、管理及服务方式智能化转型。对于人工智能时代校园竞争力发展而言，校园设备智能升级、智能型校园生态建设应充分考量如何进行伦理规约，以促进智慧校园生态建设平稳推进。一方面，管理部门可以通过对不同层次、不同体系的安全隐患进行预警，对校园内的潜在隐患进行有效管控，通过网络平台对学生的各种需要进行监控和反馈，并对学生和家长进行个性化的书籍推荐和资源引导。另一方面，人工智能在教育中的运用，由于其本身所具有的一些不确定因素，因而也就存在一定的伦理风险。在校园中运用智能技术时，需要在技术萌芽阶段，对算法、数据、分析模式等技术中存在的逻辑漏洞进行洞悉，并对其展开有效的风险监管防控，从而建

立起一个符合伦理维度的智慧校园生态。

第四节　人工智能时代学校教育竞争力发展的现实困境

人工智能时代学校教育竞争力发展受到多重关系的影响,其在课程教学、学校管理、师资素养、教育空间等多个方面也面临诸多现实障碍。

一、技术屏障:智慧教学质量受困于智能技术表层应用

教与学是学校教育得以运转的基石,也是学校教育竞争力的核心关注点。当前较多学校智慧教学中对智能技术的应用流于形式,大多数中小学教师在入职前均未学习过人工智能相关的基础性知识,许多教师仍然将信息技术作为一种外在的工具手段进行使用,尚未脱离传统教学模式。首先,人工智能系统与平台为教师提供海量的网络素材资源、课件资源、数据资源和教学软件,降低了教师教学准备的难度,教师过多地采用智慧技术手段,所传授的知识形式必然缺乏个性化思维印记,导致教学内容趋同。如此一来,即便拥有智能教室、智能支撑系统等教学基础设施,也可能会导致在学科教学中产生学生厌学、教师教学效果不佳等问题,进而影响智慧教学质量的提升。其次,经过多年的教学经验和历练,部分一线教师对新技术的运用,有自己独特的思维方式和教学方式,在某种程度上,他们还是会对新技术产生抵触情绪。一些学校可能没有为教师提供有效的智慧教学训练,同时,一些教师在技术感知、技术理解等方面也存在着一定的思维滞后,他们对智慧教学的深层次运作机制存有疑虑和担忧,导致了智能技术在学科教学中的运用没有得到充分的发挥。

二、情感桎梏:智能化管理难以兼顾技术效能与人文关怀

作为技术产物,人工智能应用于学校管理虽具现实价值,但在实践应用中,智能管理模式却难以兼顾到技术效能与人文关怀。一方面,学校管理智能化会造成人情化管理的缺失。智能算法能够依据师生过往的行为数据预测师生未来的发展路径,从而帮助教育管理者调整与优化管理模式。例如,有的学校借助智能系统对学生行为表现(阅读、举手、书写、起立、听讲、趴桌子等)、情绪表情(高兴、伤心、愤怒、反感等)进行数字扫描,分析出学生学习

状态与教师教学水平。但此类数据集合的可视化呈现无法探求到深藏于客观数据背后的师生主观需求与情感需要。人与人之间的交往仅凭一个眼神一个动作都能传达相应的信息，这是人工智能难以超越之处。如若过于关注管理的高效化，极有可能做出伤害师生感受的管理决策。另一方面，智能化学校管理过度强调管理过程的标准化，缺乏人文关怀。依托智能感知技术、数据挖掘技术，学校管理者可面向教学全过程对师生等人的行为轨迹进行实时监测，例如，有的学校通过借助智能评估系统观测学生细微的表情变化，来判断学生对所学内容的理解程度，但是，这种全过程的数据收集与监测也可能给师生带来精神焦虑与心理负担，导致师生被数据、分数、效率捆绑，无法被量化的情感、品德、想象力等要素将有可能在管理决策过程中被边缘化。

三、浅层认知：教师智能教育素养发展仍受困于浅层技术感知

人才是决定学校竞争能力的关键，而学校利用人才建立优势的关键是提高教师素质。高质量、创新的教师可以推动学生全面的个性发展，从而极大地提高一所学校的核心竞争力。大部分的研究者认为，虽然人工智能时代技术发展迅速，但是其仍然无法完全取代教师。人工智能的快速发展对教师提出了新要求与新挑战，教师如何利用好智能技术提升自身的个体素养成了一个现实问题。教师智能教育素养发展仍停留于浅层技术感知层面，无论是学校，还是教师本身，均缺乏对教师智能教育素养发展的足够关注。一方面，教师对智能教育素养缺乏深刻认知。调查显示，教师具有一定的信息素养，但较少关注信息技术在自我学习和教育教学方面的应用，并未充分认识到智能技术在助力课堂教学模式创新、改变传统教学评价方式、为教师减负等方面的价值意义。另一方面，在教学中，教师的智能技术运用能力较差。大部分的教师只是掌握了一些基本的信息技术知识，他们缺少关于智能导学系统、智能评学系统等方面技术运用的知识，因此难以将智能技术与教学设计、教学评价改进、学习数据统计和分析等方面进行融合。甚至部分教师认为智能技术工具难以理解或操作起来较为复杂，直接选择放弃使用。例如，北京地区基础教育学科教师中只有8.2%的教师了解人工智能大概原理和实现方法，多数教师对人工智能的需求是多样的，然而应用方面

却存在困难[①]。如何推进具有智能教育素养的新型师资队伍建设仍任重道远。

四、伦理威胁:智慧校园的智能升级轻视技术伦理规约

校园是一个可以让人们产生紧密联系、具有浓厚人文情感的地方,如果对智能技术在校园建设中所起到的作用进行过度宣传,就很容易造成对智能技术的盲目崇拜,从而引发诸如信息泄露、网络攻击等伦理风险。一是隐私侵犯风险防范存在较大难度。在人工智能时代,智慧校园的建设需要与教育用户的各种信息数据相关联,其中大部分的信息数据都与教育用户的个人隐私有密切联系,比如家庭住址、身份证号等。但许多学校对于资料泄露、资料非法买卖等问题,仍缺乏相应的措施和机制。二是缺乏伦理风险问责机制。人工智能存在的技术伦理问题与规范可靠的问责机制和法律保障密切相关。但在防范技术伦理问题上,当前不少学校缺乏相应的问责机制与风险防控组织,不能纯粹依靠人工智能开发者与数据使用者进行相应的伦理反思,更应该采用外部规约进行约束。如果在发生伦理问题时没有相应的惩罚措施或者补救机构,那么校园用户的数据隐私保护权益将无法得到有效保障。

第五节 人工智能时代学校教育竞争力发展的基本路径

基于人工智能时代学校教育竞争力发展的技术逻辑、价值目标与现实困境,本节提出人工智能时代学校教育竞争力发展的基本路径。

一、兼顾技术效能与立德树人,重塑以人为本的智能教学生态

从育人本质来看,人工智能与教育教学深度融合应关注技术效能的最大化激发与释放。面对智慧教学质量受困于智能技术外在应用这一现实困境,智能技术赋能教育教学应关注技术感知与扩散的内在化转型。若智慧教学依赖于简单且机械化的智能技术应用,则智慧教学内容与形式很难触

---

① 钟祖荣,高山艳,于晓雅.学科教师人工智能基础及智能教育需求的现状和建议:基于北京市8个区1266名中小学教师的调查数据[J].北京教育学院学报,2020,34(2):28-34.

动学生核心素养的有效培育。教学改进是一项系统工程，应在兼顾技术效能与立德树人的前提下，明晰智能技术应用于学科教学情境的广度、深度与限度，构建以人为本的教学质量生态。首先，学校应关注并促进智慧教研团队建设，鼓励与引导学科组教师将智能技术知识、学科知识、教学方法论知识进行系统衔接与生态化融合，最大化改进智能技术的应用策略与模式，立足学生学科需求与学习兴趣，促进知识传授与建构方式的智能化升级。其次，应基于智能挖掘技术，实现以人为本的教学质量监测体系构建。学生个体的发展涉及多个教学参照点，重塑以人为本的教学质量生态应注重挖掘个体发展的过程性诉求与表现，包括学生的情绪反应、情绪变化，以及作业完成程度等实体资料。管理者、教师等人应注重借助智能挖掘技术，提高智慧教学过程的信息捕捉效率，运用系统观考察实体资料与教学过程的相关性，挖掘学生个体成长中的动态规律，并促进教学质量的针对性改进。

二、关注情感需求与文化嵌入，构建具有人文取向的数据治理体系

借力数据智能技术，基于对跨空间教育数据的收集分析，可为教育教学未来发展提供决策支持方案。然而，“用数据说话”较为关注数据理性与科学性，对于情绪情感类信息的提取与分析尚存在较多技术难点，而且数据在实际使用过程中也面临着人文色彩缺失等问题。基于此，应当关注情感需求与文化嵌入，构建具有人文取向的数据治理体系。一方面，应理性提取数据中蕴含的情感因素。智能数据挖掘系统所收集到的教育教学数据信息中也包含着个体的情感表达，需要数据使用者进行仔细甄别。对于情感性和启发性较强的事件，例如贫困生政策、个体学习辅导、班级活动开展等事件，应着力于挖掘出学习者的情感需求，以便有针对性地进行教育教学方式的调整。另一方面，应坚守数据治理体系构建中的文化导向。类似于语文、政治、英语等偏向于语言理解的课程，仅使用智能助手对作业进行批阅，虽然能够看到详细的批改内容与修改意见，但是基于成绩分析的评价报告很难完整挖掘出学生对于语言语法的深层次理解。对于偏向于复杂性、理解性、发散性的教育数据，不应仅仅追求智能数据的高效化与模块化，更应关注到其中包含的文化因素，以防违背教育教学的育人要求。

三、关注技术领导与培训，建构教师智能教育素养校本化发展机制

基于教育空间扩展、学校教育现代化转型等未来学校教育变革的现实诉求，教师更应积极转变自我认知，不断学习吸收新型智能技术，从观念意识、操作水平、宏观架构上理解智能技术应用于学科教学中的意义，以便自如应对智能时代教育发展所面临的诸多挑战。基于此，应着力构建以教师智能教育素养提升为本的校本化发展机制。其一，关注技术领导组织构建，激活教师对于人工智能技术使用的自觉性。组建以人工智能教育专家、先行实践者、各学科教育专家等为核心的学校技术领导团队，开展人工智能时代下教师转型的校本化实践研究，厘清人工智能与各学科教学的融合点和切入点，编写基于人工智能的教师用书等材料，健全学校网络资源。鼓励教师要从教育理念着手完成智慧转型，引导教师能够对智能技术进行合理感知与正确反思，提高智能时代教师专业发展的积极性与内在动力。其二，关注技术培训，有必要健全校本化教师智能教育素养体系。应当积极开展多途径、多角度、多元化的校本培训，应为教师开设智能技术实操课程等，带领教师观摩具有特色的智能化教学案例并引导教师在实际中加以应用，增强教师在智能数据挖掘、智能资源共享、智能管理与评价、学生学习分析、学生学习行为预测等方面的实践能力。

四、关注风险防范与问责，创设智能校园的伦理风险监管体系

尽管人工智能可为校园建设与教学开展提供有效的技术支持，但如若忽视相应的伦理规约，将造成无法挽回的风险失控后果。伦理设计既包括保证公民正当权益实现的正式规则、程序与准则等制度安排，也包括为制度的正常运行所提供的道德辩护与伦理支援①。遵循环境规则与伦理规约，创设智能校园的伦理风险监管体系，对于优化智能校园建设有着极为重要的作用。首先，应健全智能校园伦理风险防范机制。学校与智能技术开发商合作时，应将隐私保护原则告知人工智能设计开发人员，将隐私防范原则编入人工智能算法代码中，从源头割裂个人隐私泄露与相应伦理风险之间的联系，形成安全可靠的伦理风险预防制度。其次，完善智能校园伦理风险问

---

① 侯浩翔. 人工智能时代学生数据隐私保护的动因与策略[J]. 现代教育技术，2019，29(6)：12-18.

责机制。地方教育行政管理部门有必要颁布智能校园建设与管理的相关制度条文与问责规章，学校可尝试建立数据管理、信息收集、通信保密等方面的伦理风险监测制度，明确规定学校管理人员、师生等人在数据保护、信息共享等方面的职责、权利与义务，确保能够有效问责与解决智能教育伦理风险问题。

第六节 小结

随着教育信息化的持续推进，人工智能时代学校教育竞争力如何发展成为未来教育的关注热点。人工智能在课程教学、学校管理、师资建设、校园建设等方面具有较强的应用价值，但作为技术产物，人工智能本身并非至善至美，其在学校教育发展中的应用具有不确定性，如何利用智能技术助推学校教育竞争力发展不应仅看到人工智能带来的技术优势，也要看到人工智能的技术局限性。智能时代学校教育竞争力发展面临着技术屏障、情感桎梏、浅层认知、伦理威胁等现实问题。本章致力于探索人工智能时代学校教育竞争力发展的价值目标、现实困境和基本路径，为学校教育竞争力发展的体系建设提供方向引领。在未来学校教育信息化发展进程中，如何利用好人工智能技术建设高质量的学校教育值得更多学者关注和探索。此外，学校智能化建设过程中不仅要关注技术功效，更需关注“人”的主体地位，以防技术僭越带来的伦理风险问题。

教师篇

Chapter of Teachers

本篇主要探讨人工智能时代教师的焦虑表征与技术转型路向，共有两章。其中，第六章为智能时代教师角色挑战与定位。该章首先分析了智能时代的教师角色焦虑，其次分析了智能时代教师的技术焦虑，最后指出了智能时代的教师行动取向。第七章为人工智能赋能教师教育变革。该章首先提到了技术赋能教师教育的历史变革，其次分析了人工智能赋能教师教育的基本逻辑和现实困境，最后指出了人工智能赋能教师教育的实践路向。

第六章

智能时代教师角色挑战与定位

人工智能的发展冲击着教育领域，其在重塑教育新生态的同时，对教师的角色和知识结构提出了新要求。《中共中央 国务院关于全面深化新时代教师队伍建设改革的意见》明确提出，教师要主动适应信息化、人工智能等新技术变革，积极有效开展教育教学。2020 年 9 月，习近平总书记发表教师节重要寄语，提出希望广大教师积极探索新时代教育教学方法，不断提升教书育人本领。教师在教育教学过程中运用新技术手段是探索新时代教育教学方法、提升教书育人本领的必要之技。面对人工智能等新技术的冲击，教师角色转型成为智能时代教师专业发展的热点议题。

第一节 智能时代教师的角色焦虑

一、教师角色焦虑的概念界定

教师角色焦虑是指教师因角色冲突而引发的一种心理状态，在教师的角色行为调试过程中普遍存在。在传统教育教学中，教师不仅是传道授业的学者，也是心理咨询者，更是家长代理人、朋友、知己。多重角色转换以及高强度的工作难免使得教师身心疲惫，对家庭的付出有所减少，生活幸福感有所降低，故而有可能对其职业存在的意义产生疑惑。人工智能的快速发展，颠覆了经典人力资本理论关于人力资本赖以存在的基础。人力资本不能脱离人身而独立存在，人工智能是人类智能的制造化或制造的智能化。面对人工智能、5G、大数据等智能技术的冲击，教师人力资本在拥有增值机遇的同时也面临诸多减值风险。教师不仅需要具备运用各种人工智能技术开发数字化学习资源、创设数字化学习环境的能力，而且需要具备实现教学内容、方法与智能技术融合的能力，这其实是对传统教师知识结构与能力结构的重塑。人工智能所引发的关于未来学习、教学与教育的变革设想对未来教师提出了更高的要求，高速发展的智能技术、智能设备对部分教师来说不仅仅是助手，而且也意味着一定程度的职业挑战，也在角色期待、角色认知等方面产生了人工智能时代的教师角色焦虑。

二、人工智能时代教师角色面临的主要挑战

教师角色指社会对教师职能和地位的期望与要求，而教师职能的复杂性决定了教师具有多种身份。随着人工智能在教育实践中的广泛应用，人类教师角色的独特性将面临重大挑战。

一是教育工作者的角色淘汰挑战。伴随着人工智能技术的不断进步，虚拟教师、智能导师、智能学伴、自适应学习系统等不断涌现和广泛使用，越来越多的教师工作将被智能机器人代替，教师的职业地位将受到淘汰挑战。首先，人工智能技术被认为是提升教学效能的一种教育工具，它打破了技术理性与价值理性的应有平衡，逐渐将“人—技”关系推向对立面。其次，在教育数据的动态采集、精准教学、个性化学习等方面，人工智能有着常人不可

比拟的优越性，无论是在教学实施、课堂管理还是知识存储上，都表现出了极高的精准度和效率，这些都给传统教师行业带来了极大冲击，引发了一定的忧虑。

二是知识权威者的角色拆解挑战。在传统教育模式中，教师主要是在课堂上讲授知识，学生获得知识的渠道比较单一，教师的知识权威地位比较牢固。伴随着人工智能技术在知识的生成、共享、获取等方面的广泛应用，以人工智能为基础的系统、机器等通常都拥有比人脑更大的知识存储量，并且拥有强大的数据分析能力。在终端设备与互动媒体上，大量的信息与知识正不断地涌现出来。知识学习的时间和空间在持续地扩大，学生的知识获取来源也变得更加多元和广泛，师生之间的知识不对称关系受到了极大的冲击。此外，个体精力有限、专业素养欠缺、教学环境与模式的固化等导致教师的知识获取速度远滞后于知识创造与扩散的速度，相对于智能机器与大数据而言，教师的知识更新与储存能力显得十分渺小。因此，在人工智能时代，教师将不再是学生获取知识的主要渠道，教师传统的知识权威角色将会被逐渐淡化和分解。

三是立德树人者的角色"失语"挑战。师生间的情感互动和精神沟通，是实现立德树人教育理念和引导学生实现价值认同的重要途径，但人工智能技术的介入所形成的新型学习模式，无疑为师生间的互动带来了新的困惑和挑战。与传统的教育相比，程式化与理性的技术工具会对非理性的情感进行淡化。在情感捕捉、智能语义识别等技术的主导下，师生交往表面上看起来是人与人之间的交往，但实际上是数据与数据、算法与算法之间的交往。以人工智能技术、大数据分析为基础的教学与管理，削弱了师生交往中的人性之维。由此，由人工智能驱动的网络互动挤压了师生之间情感对话的行动域，使得师生之间的对话很难充分体现出彼此的人生价值，也很难完全响应教育对于价值理性的迫切要求，使得教师陷入"失语"的尴尬境地。

四是管理决策者的角色依赖挑战。教师在教学设计与实施、班级管理、课程开发与执行的过程中，总会面临着诸多行动抉择与事项厘定，即教师亦具有管理决策者的身份。但随着教育决策过程的智能升级，部分教师开始过度依赖教育大数据与算法分析结果，陷入唯科学主义困境，弱化了教师作为行动决策者的主体性价值、主观能动性与职业敏感性。如此，人工智能能够帮助教师处理更多的行动决策问题，基于智能算法的管理决策过程重视

“理性”与“效率”要素而忽视“人情”与“人文”因素，导致教师逐渐把握不住对教育教学的决定权。人工智能技术将逐渐弱化教师对所处环境的职业敏感性与认知能力，教师自身将忽视职业所独具的实践智慧。若对于智能技术提出的教育决策与管理方案一味遵从，则可能成为没有判断性且不再认识自我并超越现实的单向度的人。人工智能技术促使教师在管理决策者角色上面临较强的技术依赖，一定程度上不利于教师管理决策积极性、主动性、能动性、人文性等方面的有效保障。

三、人工智能时代教师角色焦虑的表征形式

教师角色焦虑问题已经引起学界广泛关注。关于教师角色焦虑的论述一般与角色冲突、角色不确定等因素有关。例如，有学者指出，如果教师的行为与其本人和社会的期待一致，在社会学上就称之为“角色一致”，反之则称之为“角色冲突”。有学者认为，从人类学视角来看，教师焦虑既是由教育教学的不确定性所引起的一种担忧的期待，也是教育意义迷失和教师角色认同危机的外在表征。也有学者对教师角色焦虑予以拆解，认为数字时代教师的角色焦虑主要包括本体性焦虑、实体性焦虑和价值性焦虑三重表征。其中，本体性焦虑处于教师角色焦虑的最深层，实体性焦虑处于教师角色焦虑的表层，价值性焦虑则居于本体性焦虑和实体性焦虑之间。

在此基础上，本节试图对数字环境下的教师角色焦虑进行探讨和分析，并进一步概括教师角色焦虑的表征样态。在人工智能时代，教师的本体性焦虑以作为物质存在的人层次上的个人焦虑为主要表现，其主要受智能时代下知识和教师观念上的更新异步现象的影响。实体性焦虑涉及教育的组织形式，主要表现形式为智能时代教育场域的无界化给教师带来了职业前景稳固性的焦虑。价值性焦虑表现为教师的利益诉求和时代要求的冲突。为此，本部分内容拟在人工智能时代的大背景下，从教师的知识更新与自身发展、教育场域与教师谋求稳固、智能教育期望与教师主体的自我诉求等方面，对教师的角色焦虑进行研究。

（一）知识飞速更新与自身发展滞缓引发的专业素养焦虑

知识飞速更新与自身发展滞缓引发的专业素养焦虑本质上属于本体性焦虑。首先，从知识更新的视角来看，随着大数据、云计算、人工智能和物联

网等技术的不断深入，人工智能已被广泛地运用于教育知识的生成和发展。在人工智能时代，技术知识伴随着技术的升级与变革，也产生了新的形态与要求，学科知识逐渐集中于“纸质＋数字”相结合的教材形态，数字教材的开发与设计成为新的热点与趋势，教学方法和知识也因教学工具与教学空间的变革而呈现智慧化特性与要求①。与此同时，教师传统的知识权威的地位逐渐被削弱，教师逐渐意识到自身职业素养和知识储备所面对的冲击与挑战。其次，从教师自身的发展来看，相对于技术的更新，教师角色转换通常会存在滞后现象，而人工智能的发展所蕴含的技术更新则呈现出一定的时代性和不稳定性。教师的知识和能力的发展受到诸多因素的影响，很难在一朝一夕之间取得很大的突破。人工智能可通过机器学习、智能感知等技术实现教育知识与信息的加工，在运算速率、资源多样性等方面相对教师而言占据一定优势。在人工智能领域中，教师除了需要具备基本的智能技术素质之外，还需要具备对智能技术进行批判和选择的能力，这对于一些已经习惯于被动接受技术的教师来说，是一个很大的现实挑战。归纳来看，若教师在知识内化方面存在惰性，缺乏知识创新与知识学习意识，较为忽视自身专业学习的积极性与有效性的提升，则会导致其专业发展存在滞后问题。如此一来，在人工智能时代，知识飞速更新与教师专业发展滞缓共同导致教师群体极易产生个体心理落差，进而引发教师角色焦虑。

（二）智能教育场域的无界化与教师谋求稳固引发的职业前景焦虑

智能教育场域的无界化与教师谋求稳固引发的职业前景焦虑本质上属于一种实体性焦虑。首先，从人工智能对教育场域的影响角度来看，人工智能弱化了传统固定的教学场域，存在众多智能教学系统、智慧学习平台或线上评价系统，教师可以通过人机协作来辅助课堂教学，同时与学生进行更多互动，将教师从传统教学场域中解放出来。在人工智能时代，教育领域呈现出了智慧化、个性化、系统化等特征，人工智能赋能课堂创新教学、混合学习、泛在学习等教学形态成为智能教育创新实践的常见场景。然而，部分教师缺乏足够的数字化胜任能力，虽然人工智能技术的发展为教育领域的无边界拓展带来了极大的便利，但同时这种扩张也使得课堂教学面临一定的

① 曹晓明.“智能＋”校园：教育信息化2.0视域下的学校发展新样态[J].远程教育杂志，2018，36(4)：57-68.

风险性和不确定性，而此种风险性和不确定性要求教师在进行数字化教学时应随机而变。面临此种变局，并非所有教师均愿意迎难而上，部分教师在教学习惯、教学风格、教学方法等若干方面仍倾向于“以不变而求稳”。其次，从教师职业诉求的角度来看，教师具有知识传授性和文化传承性的作用。在人类社会不断进步的过程中，国家为大力振兴教育，吸引各级各类高素质人才进入教育系统，出台了一系列教育政策来提升教师待遇，教师行业具有一定的职业稳定性。智能导师系统、智能助学系统、智能辅导系统等智能产品的应用在一定程度对教师的职业存在产生了冲击，教师职业工作的部分环节可由人工智能予以代替，部分智能化的教育产品已经给在职教师带来了职业危机。归纳来看，尽管智能教育场域的无界化缩短了师生之间的距离，使其交互活动变得更加灵活化和智慧化。但是，由于教师职业权威遭到一定程度的消解，教师职业存在的必要性与稳定性也在一定程度上受到了威胁。

（三）智能教育期望与教师主体诉求冲突引发的伦理焦虑

智能教育期望过高与教师主体自我诉求冲突引发的伦理焦虑可被视为价值性焦虑，这与价值观念冲突有一定的关系。首先，从智能教育期望角度来看，随着传统教育模式的变革，互联网、人工智能和大数据等信息技术在教学过程中的作用日益突出，并逐渐成为促进教育教学改革和发展的主要动力。但是，智能教育对教师的角色期待，已经不再局限于传统的角色，而是持续地要求教师成为技术领导者、技术学习者、设计教育者。教师如何领导智能教育、如何通过技术学习提升智能教育素养、如何利用技术对教育教学进行创新设计等教育期望，促使教师关注智能技术与教育教学间的伦理关系，也要求教师不仅应关注技术与课程教学如何整合，而且应关注技术整合过程中的技术责任、道德责任、教育责任，这在一定程度上无形地为教师增加了教师角色转型的伦理压力。其次，从教师主体诉求的角度来看，教师在人格、精神和心理等多方面存在着不同程度的需求，其理性诉求的表达和响应需要得到充分的尊重，智能教育可能对教师职业产生一定的伦理伤害。例如，智能教学监测与数据共享有可能将教师职业隐私暴露在开放场域，以致一些教师不敢在智能场域下表达个人诉求。面对伦理伤害，教师是否有权力根据教育实况拒绝智能教育所带来的过多伦理责任？诸多问题尚待进一步解析。归纳来看，因为智能教育期望与主体诉求满足之间存在着巨大的差距，所以才会导致教师伦理负重感超过了正常职业人员所应承担的程度，从而造成了教师身心状况不佳等问题的产生。

四、人工智能时代教师角色焦虑的纾解路径

在人工智能时代，教师的角色焦虑会引起许多的职业危害，因此，应思考如何缓解智能时代背景下教师的角色焦虑。有学者指出，长期、剧烈的焦虑会损害教师的身心健康。也有学者指出，焦虑会使教师产生不愉快的工作或生涯状态，并且会使教学变成一种令教师反感的刺激源。教师角色焦虑既是一种心理学上的症状，也是一种日常生活中的经验，更是一种存在哲学论领域中的“公共议题”。教师角色焦虑严重影响着教师的职业生活质量及专业成长，缓解以心理枯竭为症候的教师角色焦虑，已成为维护教师心理健康的紧要议题，解决人工智能时代下教师角色焦虑迫在眉睫。基于人工智能时代教师角色焦虑的表征形式，本部分内容尝试提出人工智能时代教师角色焦虑的纾解路径，为相关研究提供价值参照。

（一）厘清智能教育场域下知识诉求，构建校本化教师信息素养培育体系

知识飞速更新与自身发展滞缓引发的专业素养焦虑呼唤教师信息素养的有效提升。2018 年 4 月，教育部印发《教育信息化 2.0 行动计划》，提出大力提升教师信息素养。在此背景下，厘清智能教育场域下知识诉求、构建校本化教师信息素养培育体系具有重要意义。首先，应从学校教育支持的角度，创设校本化教师信息素养培训机制。在智慧教育中，教师的知识需求是否得到满足直接关系到学校信息技术的发展是否达到智慧化的程度。学校应组织技术开发人员、教育技术专家、优秀教师等人组建教师信息素养培育小组，致力于通过技术讲座、专家指导、同行示范等渠道提升教师信息素养，引导教师了解并掌握智能教育场域下技术知识、教学方法论知识、学科内容知识等知识形态的具体表征与现实要求，并及时在教育教学过程中，对人工智能与教育教学进行有效、合理的推进。其次，学校应聚焦组织激励，建立校本化信息素养发展激励机制。学校应该对教师适当运用智能技术推进教育改革这一行为给予资源支持，鼓励教师在课堂中运用智能技术，并构建与

之相适应的激励机制，为智能技术的教学应用提供充足的时间和所需的经费，以此来提升教师在教学中运用新技术的积极性。可以尝试将一些重难点问题作为教研项目进行立项，并将其纳入课程建设项目，由教研室主任组织人员进行合作攻关，充分利用集体的智慧和力量，从而提高教师的智能教育能力，减轻教师在面对人工智能时的知识焦虑。

（二）建构教师技术领导者身份，坚守教师在智能教育场域中的职业优势

面对智能教育场域的无界化与教师谋求稳固引发的职业前景焦虑，需要教师冷静应对并发挥其独特优势，避免被智能技术的应用盲目打乱教学节奏。伴随智能教育空间的无限延展，教师对其职业的稳定性产生担忧，甚至畏惧智能技术所带来的教学变革。作为教育教学的核心参与者，教师应尝试建构技术领导者身份，坚守其在智能教育场域中的职业优势。首先，教师应树立合理的教育技术发展观念，在此基础上，明确其在人工智能教育应用中的领导者角色，针对智能时代的技术变革需求，主动转变教学方式与教学风格，通过与学生进行人文情感、人生价值观等方面的互动，在合适的教学环节和教学活动中，将智能技术合理地应用于教学。学校可以以数据智能为基础，建立一个教育人工智能监控体系，强化对人工智能教育应用的监督与指导，并开设与人工智能教育应用有关的讲座，让教师把注意力集中在怎样更好地进行技术批判、传播和改进上，从人技（人与技术）分离的教学者转变为人技合一的导学者。其次，明晰并坚守教师在智能教育发展中的监管者角色。人工智能通常基于数据运算发现问题、解决问题，而教师通常是根据自己的专业敏感和专业经验，来发现学生和教学存在的问题。学校可通过成立教师层面的教育人工智能评价小组，通过挖掘教师自身的教育智慧，对智能设备进行合理的利用，从而实现在教育教学中的人机协同，避免“唯技术说话”和“唯数据说话”等问题的发生，让教师在教育教学层面上的技术效能感与职业自信得到提升，减轻教师对智能教育场域下自身职业前景的焦虑。

（三）精确诊断并满足教师的智能教育诉求，关注基于证据的焦虑消解机制设计

面对智能教育期望与教师主体诉求冲突引发的伦理焦虑，应审慎思考人工智能与教师间的交互关系是否符合教师的现实诉求，确保智能教育期

望与教师个体诉求之间保持关系相对平衡。因此,应精确诊断并满足教师的智能教育诉求,关注基于证据的焦虑消解机制设计,为教师焦虑情绪的消解提供证据支持。首先,学校应该为教师应用智能技术提供导引,制定校级层面的人工智能应用参考标准。学校可通过自然语言处理、机器学习等智能技术的教育应用挖掘有效且高质量的教育教学数据,并广泛采纳教师意见,确立人工智能应用成效评价方案与指标体系;利用数据分析和筛选机制,对教师的技术应用诉求进行及时的洞察,为教师个人诉求的监控和反馈提供智能化的渠道,从教师需求信息的提取和整合层面,挖掘出智能教育发展困境和教师焦虑情绪成因。其次,学校应组建基于证据的教师角色焦虑问题治理小组,将教师角色焦虑问题作为学校生态建设的重要组成部分与考核指标。治理小组应借助智能监测平台对教师的育人者角色、学习者角色、领导者角色等诸多角色的现实问题进行精准鉴别,确定教师群体焦虑情绪的主要特征与可能性危害,以便及时对教师角色焦虑消解方案进行及时调整。最后,基于证据的教师角色焦虑消解机制构建应始终秉持"分类消解"理念。人工智能时代,教师的技术焦虑问题已成为一个普遍现象,新入职教师、资深教师等不同类型教师面对人工智能的接受程度、理解程度与应用能力有所不同,学校作为教育的核心,应积极引导不同类型教师正确看待与消解人工智能时代的教师技术焦虑问题。应避免在智能教育发展过程中出现一刀切的技术推广现象,对不同类型教师在人工智能时代应承担的技术责任做出合理要求,以免教师因产生不合理的技术懈怠、焦虑和迷茫等情绪而影响教师角色功能发挥。

五、人工智能时代教师角色重塑的实践策略

面对人工智能时代的教师角色挑战,亟须重新审视技术哲学视域下教师与人工智能技术的"人—技"关系,厘清人工智能时代教师角色的存在价值。人工智能时代的教师角色重塑可关注以下四个方面的行动路径。

一是在职业工作方面,教师应从恐惧技术走向胜任技术。教师是人类灵魂的工程师,教育并非理性知识与客观规律的机械传递,这注定人工智能技术与教师职业不是替代与被替代的关系,而是一种"人—技"协作的关系。因此,人工智能并非"洪水猛兽",教师需转变对人工智能技术的恐惧心理与抵触情绪,主动将人工智能技术胜任力要素纳入教师自身人性结构与专业

素养框架，增强对人工智能技术的驾驭能力与协作能力，积极建构人工智能技术教育应用的创新路径，充分发挥人工智能技术运用于教育的种种优势，实现技术理性与价值理性之间的良性平衡。例如，教师可依托数据采集与分析技术、智能化学习测评工具的有效应用，从纷纭复杂的低阶技能教学任务中解放出来，从而将更多的精力置于非预设、非线性的教学工作之中，形成与人工智能技术优势互补的人机协同架构。

二是在知识地位方面，教师应从传递知识走向建构知识。智能时代，尽管教师知识权威地位看似日渐式微，但教育作为一种专业活动，重构教师知识权威地位仍具有重要意义。一方面，教师知识权威的重构需建立在专业知识建构性认同的基础之上，故教师应摒弃传统的知识传递者的角色，正确审视与适应人工智能时代知识的产生与流通方式，了解学生在人工智能时代的动态学习需求，基于智慧教育环境下的在线会话、交流、共建和共享，为学生知识学习与联通提供方法、工具与资源支持，促使自身成为优质数字化资源建构的引导者。另一方面，为有效应对人工智能时代知识属性的多变性，教师在建构知识的同时，应树立终身学习理念，成为终身学习的实践者与示范者，主动学习包括学科专业知识、人工智能技术应用知识在内的理论知识与实践技能，不断提升自身智能教育素养，不断激发自身对于人工智能时代知识生成、筛选与共享的理解力与创造力，从而重新确立自身的知识权威地位。

三是在立德树人方面，教师应从算度立场走向人文立场。虽然伴随现代技术的加速发展，计算机等技术手段取代了教师的部分工作，然而学校教育的本质并没有发生变化。教育是富有人性的活动，教师与学生之间的关系应该是一种我与你的关系，重在对话与沟通。相对于人工智能而言，教师所具有的反思能力、批判能力、直觉思维、同理心等天赋特质，使其能够超越“教书”的行动边界，更多地担负起“育人”使命。因此，面对人工智能技术可能带来的师生道德失范、关系异化、价值观偏移、伦理风险等现实难题，具备“立德树人者”身份的教师亟须在被数据与算法充斥的情感交互空间坚定立德树人的人文立场，成为学生德育的引导者。此外，教师应协同人工智能技术，将其特有的共情、关怀、善意等价值取向内嵌于师生交往过程与智能教育环境之中，通过感情投入与人文呵护，成为“学生心灵的对话者”。

四是在管理决策方面，教师应从行动依赖走向主观能动。人工智能技术为教师的精准决策提供了行动契机，智能终端与传输媒介能够留存学生学习过程、学习状态与学习结果的数据痕迹，海量教育数据的挖掘为教师的行动决策提供了充足的证据支撑与实施参照。然而，当教师的管理决策完全受制于人工智能算法与大数据分析结果时，其行动主体性与角色能动性将逐渐湮没于基于数据智能的个性化管理决策体系。因此，教师的管理决策与人工智能技术的关系应从过度依赖转向有机互融，即教师应该成长为“主观能动的自决者”。尽管人工智能具备强大的分析与自适应能力，但其归根结底依然是人类能力的自我延伸，其在教育行动决策中所扮演的只是辅助角色。由此，教师仍需基于自身经验，在依托人工智能技术对学情数据、教学数据进行智能分析的基础上，充分发挥自身创造性、想象力、教育智慧与专业素养，制定能够映射自身教育理念与价值取向的精准化行动决策方案。

第二节　智能时代教师的技术焦虑

随着人工智能在教育领域的应用日益增长，教师能够借助智能技术来辅助设计教学过程，为学生营造更有效的学习氛围。教育部于 2018 年开展人工智能助推教师队伍建设行动试点工作，旨在探索人工智能助推教师管理优化、助推教师教育改革、助推教育教学创新、助推教育精准扶贫的新路径；2021 年，《教育部等六部门关于推进教育新型基础设施建设构建高质量教育支撑体系的指导意见》强调利用人工智能技术助推教师队伍建设，为教师改进教学提供依据。人工智能的自然语言处理、情感计算、机器学习、生物感知等技术已对教师的职业角色形成巨大冲击，不可避免地将取代教师部分重复性、低创造性的工作，教师和其他教育利益相关者需要适应人工智能技术和产品以顺应其发展，部分教师的人工智能焦虑现象已引发广泛关注。焦虑是影响技术引入课堂是否成功的关键因素之一，学界对于教育人工智能焦虑的相关研究存在一定空缺。本节尝试聚焦中小学教师的人工智能技术焦虑，剖析人工智能技术焦虑的实然现状与消解路向，以期为有效促进人工智能与教育教学的深度融合提供有益参照。

一、文献综述与内涵诠释

（一）教师技术焦虑

教师作为使用智能教学设备并决定学习成败的关键行动者，在使用计算机等智能设备辅助教学时可能会存在一定程度的焦虑，伴随不安、沮丧、自我怀疑、忧虑或担忧等情绪。有学者提出计算机焦虑的概念，认为计算机焦虑是个体接触计算机时所产生的一种心理状态，是个体预期计算机使用或者真正使用计算机过程中的恐惧与忧虑。有学者认为计算机焦虑是个人在操作计算机时产生的不舒服感。还有学者认为计算机焦虑来自对使用计算机潜在的负面结果，是对使用计算机的不适感和恐惧感。综合来看，教师在使用技术工具时产生的心理焦虑可能包括其自身能力和使用意愿等因素，产生的技术焦虑涵盖范围较广。一是当教师的教学任务超过教师信息技术能力时，教师往往会产生技术应用焦虑；二是当教师害怕犯错误并损坏计算机设备时，产生技术损害焦虑；三是当教师担忧在学生面前使用信息技术因出错而出现尴尬时，产生技术出错焦虑。

（二）教师人工智能焦虑

人工智能技术的快速发展可能取代许多职业，这种趋势将迫使人们去适应使用人工智能技术和产品的工作，做好充分准备以满足未来就业需求①。当前社会不乏认为教师可以被人工智能所取代的看法，这也在一定程度上引发了教师对人工智能的焦虑。由于个人的焦虑水平不尽相同，有学者认为对人工智能技术的焦虑包括对技术提升的不准确态度、对自主性的困惑以及对社会技术的盲目性等；有学者认为，人工智能焦虑是人工智能时代计算机焦虑的演化形态，具体包括工作替代焦虑、隐私侵犯焦虑、伦理违背焦虑、歧视与偏见焦虑、学习焦虑等②；还有学者指出，人工智能焦虑是由于人类对人工智能发展方向不明而产生的恐慌和紧张③。综上所述，本书将教师人工智能焦虑界定为教师在参与涉及人工智能的人机合作过程中，意识到对未来技术发展在一定程度上产生可能被人工智能所取代的不确定性的恐慌情绪。

---

① LUCKIN R, HOLMES W. Intelligence unleashed: an argument for AI in education[R]. London: Pearson, 2016.

② LI J, HUANG J S. Dimensions of artificial intelligence anxiety based on integrated fear acquisition theory[J]. Technology in society, 2020, 63: 1-10.

③ JOHNSON D G, VERDICCHIO M. Reframing AI discourse[J]. Minds and machines, 2017, 27(4): 575-590.

二、研究设计与实施

（一）假设提出

人工智能焦虑属于技术焦虑的一种，故可从教师技术焦虑成因的分析出发，剖析引发教师人工智能焦虑的主要因素。文献梳理发现，教师技术焦虑的成因涉及较多层面。有学者认为，教师的技术焦虑可能是教师认知、情感、心理等方面的不足造成的。有学者指出，教师群体之所以对新兴技术融入课堂教学存在焦虑与抵触，主要是因为教师的技术素养不足以应对技术环境的发展更迭，学校提供的技术支持未能满足教师发展的迫切需要，这种不匹配现象引发了一系列的教师技术焦虑问题。综上所述，教师技术焦虑的主要诱因较多，归纳来看，可将教师技术焦虑影响因素划分为教师个体层面以及外部环境层面。

在教师个体层面，较多研究者认为，教师技术焦虑的出现往往与教师自身的技术信念、技术感知相关。首先，在技术信念对技术焦虑的影响层面，有学者认为，教师如果缺乏对于学习技术、使用技术、创新技术的坚定信念，将引发教师对于技术的焦虑及恐惧。其次，在技术感知对技术焦虑的影响层面，有学者指出，教师对技术易用性、技术有用性的准确感知，有助于促进教师产生对技术的积极态度与心理倾向，进而推动教师在教学中运用技术。本书据此提出假设：技术信念可对教师人工智能焦虑产生直接负向影响（*H*1）；技术感知可对教师人工智能焦虑产生直接的负向影响（*H*2）。

在外部环境层面，学校在技术应用培训、技术整合、基础设施构建等方面支持力度的不足也是引发教师技术焦虑的重要因素。例如，有学者认为，学校提供的技术使用支持与培训等均是影响教师技术焦虑的关键因素[①]；有学者的研究结果亦表明，不能从学校获取技术使用帮助与支持的教师比能够从学校获得技术使用帮助与支持的教师通常表现出更强技术焦虑感。据此，本书提出研究假设：学校支持可对教师人工智能焦虑产生直接的负向影响（*H*3）。

在技术信念变量与技术感知变量、学校支持变量之间的关系层面，技术

① 管益杰，王昌海，董奇．教师的计算机焦虑及其对教育技术应用的影响[J]．现代教育技术，2006，16(6)：23-26.

信念在提升教师对技术教学应用价值感知的过程中极为重要①,且学校提供的高质量智能教育资源与培训支持也利于强化教师对于人工智能技术实效性的准确感知,故教师自身的技术信念以及获取的学校支持可能是促进教师技术感知的重要因素。本书据此提出假设:技术信念可对技术感知产生直接的正向影响(*H*4);学校支持可对技术感知产生直接的正向影响(*H*5)。

基于上述假设,本节拟借助模型分析方法探索技术信念、技术感知、学校支持对教师人工智能焦虑的影响作用。教师人工智能焦虑影响因素的假设模型见图 6-1。

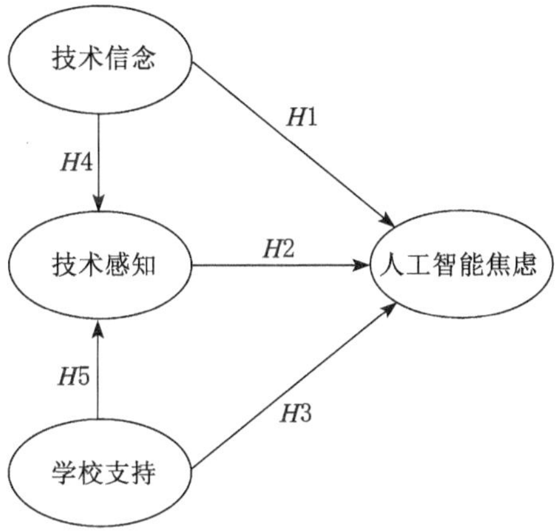

图 6-1　教师人工智能焦虑影响因素的假设模型

(二)问卷设计与发放

首先,在教师人工智能焦虑的测量工具开发上,一方面,本书借鉴了人工智能焦虑量表,包含个体学习(用于衡量人们在学习和应用人工智能技术和产品时的焦虑程度)、工作替代(用于衡量随着人工智能技术和产品的发展,个人对自身将可能失业的焦虑水平)等维度②;另一方面,借鉴了信息技

① TEO T, HUANG F, HOI C K W. Explicating the influences that explain intention to use technology among English teachers in China[J]. Interactive learning environments,2018,26(4):460-475.

② WANG Y Y, WANG Y S. Development and validation of an artificial intelligence anxiety scale: an initial application in predicting motivated learning behavior[J]. Interactive learning environments, 2022,30(4):619-634.

术焦虑量表①,该量表系统梳理并综合了多位学者开发的计算机焦虑指标,能够较为精准地评估测量对象对于信息技术的焦虑程度。其次,在教师人工智能焦虑影响因素的问卷编制方面,本书参照教师信息化焦虑成因量表②以及技术接受度量表③,并结合对H大学6位教育人工智能、教师教育领域学者以及W市8位中小学教师的访谈结果,最终确定了技术信念、技术感知、学校支持三个维度的测量题项。

本书构建的教师人工智能焦虑指标体系与教师人工智能焦虑影响因素指标体系分别见表6-1、表6-2。

表6-1　教师人工智能焦虑指标体系

维度	指标	指标来源
人工智能焦虑	*AIA*1:您对于使用人工智能技术或产品(例如智能题库、智能专家系统、图像识别、语音识别等)感到忧虑	WANG Y Y,等(2022);LÓPEZ-BONILLA J M,等(2012)
	*AIA*2:机器学习、情感分析、虚拟现实等名词对于您来说是困惑与陌生的术语	
	*AIA*3:您担心人工智能技术与产品会取代教师职业	
	*AIA*4:您不太愿意使用人工智能技术,因为您害怕会犯下严重错误	
	*AIA*5:您觉得在工作中使用人工智能技术会使您非常紧张	
	*AIA*6:人工智能技术在教育领域的应用令您感到不适	
	*AIA*7:您在使用人工智能技术辅助教育教学之前,会产生不好的预感	
	*AIA*8:在人工智能技术支撑下的教学环境中会令您感到不安	
	*AIA*9:当同事讨论起教育人工智能时,您会产生受威胁感与排斥感	

① LÓPEZ-BONILLA J M, LÓPEZ-BONILLA L M. Validation of an information technology anxiety scale in undergraduates[J]. British journal of educational technology,2012,43(2):E56-E58.

② 刘成新,邹建梅.教师信息化焦虑问题调查分析[J].电化教育研究,2005(5):42-46.

③ TEO T. Validation of the technology acceptance measure for pre-service teachers(TAMPST)on a malaysian sample:a cross-cultural study[J]. Multicultural education & technology journal,2010,4(3):163-172.

表 6-2　教师人工智能焦虑影响因素指标体系

维度	指标	指标来源
技术信念	*TB*1：您喜欢使用人工智能技术辅助教学	刘成新，等(2005)；TEO T(2010)
	*TB*2：您认为人工智能技术融入教学可以提升教学工作的效率	
	*TB*3：您认为将人工智能技术融入教学时应考虑教学策略、教学内容及学生特性	
	*TB*4：您期望人工智能技术融入教学可以让您有更多元的教学设计，以提升教学的效果	
	*TB*5：您期望人工智能技术融入教学可以让您从不同的角度来思考教学，并进行教学创新	
技术感知	*TP*1：您认为利用人工智能技术进行教学有利于提升教学效果	
	*TP*2：您认为有必要利用合适的评价方式对人工智能技术的教学应用成效进行测评	
	*TP*3：您看到有的同事应用人工智能技术的效果理想，会对此类技术的教学应用持肯定态度	
	*TP*4：您认为尽管人工智能技术逐渐走进课堂，但信息来源多样化并不会削弱教师的知识权威性	
学校支持	*SS*1：学校非常注重高质量智能化学习环境的建设	
	*SS*2：学校的智能教学系统或网络设施在课堂使用中很少出现故障	
	*SS*3：学校经常提供人工智能技术的使用指导与专业培训	
	*SS*4：学校引入的人工智能技术或产品能够满足您的教学需求	
	*SS*5：学校管理者、技术人员、技术服务商在提供技术使用保障方面均很好地履行了相应的技术责任	

除个人信息以外，量表题项均用李克特五点量表形式予以呈现，赋值方面，1～5 代表从“非常不符合”到“非常符合”，分数越高，代表教师对于题项的认同程度越高。本书选取上海市、江苏省、浙江省、山东省等地的人工智能示范校、信息化应用标杆校作为调研对象，面向学校教师群体开展正式的问卷调研，经过筛选，共回收有效问卷 1 192 份(调研对象均有人工智能教育应用经验)。

（三）信效度检验

首先，经过检验，整体量表的KMO值为0.810，Bartlett球形检验结果的P值<0.001，证明本书所设计的问卷适合进行因子分析。其次，本书采用克隆巴赫系数(Cronbach's alpha)、组合信度(CR)、平均提取方差(AVE)来检测调研问卷的信效度。问卷信效度检验见表6-3。如表6-3所示，各量表的克隆巴赫系数值在0.824与0.855之间，证明各量表具有较好的内在一致性信度；各分量表的CR值均>0.8，表明量表组合信度较好。各分量表的AVE值均大于0.5，表明量表收敛效度较好。验证性因子分析结果显示，模型拟合较好，RMSEA、CFI、SRMR指标均达到测量学标准(RMSEA<0.08；CFI$\geqslant 0.90$；SRMR<0.05)。综合上述分析结果，可知问卷通过了信效度检验。

表6-3 问卷信效度检验

量表	Cronbach's alpha	CR	AVE
人工智能焦虑	0.843	0.897	0.688
技术信念	0.824	0.897	0.744
技术感知	0.840	0.905	0.762
学校支持	0.855	0.913	0.778

三、数据分析结果

（一）教师人工智能焦虑的现状分析

教师人工智能焦虑现状分析结果见表6-4。总体来看，中小学教师人工智能焦虑的均值水平为3.533，可以说达到较高水平。首先，题项“您对于使用人工智能技术或产品(例如智能题库、智能专家系统、图像识别、语音识别等)感到忧虑”均值为3.30，这体现出教师会对在使用人工智能设备的过程中造成不可控风险而产生担忧，这种担忧可能来自教师对自身的人工智能技术应用能力感到不信任和对人工智能产品的怀疑。其次，题项“您担心人工智能技术与产品会取代教师职业”的均值达到3.60，这表明情感计算、自然语言处理、图像识别等智能技术对教育教学改进的诸多裨益往往难以获得教师的深刻体悟与感知，教师甚至担心人工智能将会取代自身角色。最后，题项“人工智能技术在教育领域的应用令您感到不适”的均值达到3.55，这表明当教师面对智能教学设备的更新以及教育空间的智能转型时，往往会产生不良体验，教师通常难以在短时间内适应由传统教学环境到智能化教学环境的巨变。

表 6-4 教师人工智能焦虑现状分析结果

维度	指标	均值	标准差
人工智能焦虑（$M=3.533$，$S_D=0.755$）	*AIA*1：您对于使用人工智能技术或产品（例如智能题库、智能专家系统、图像识别、语音识别等）感到忧虑	3.30	0.924
	*AIA*4：您担心人工智能技术与产品会取代教师职业	3.60	0.945
	*AIA*6：人工智能等技术在教育领域的应用令您感到不适	3.55	0.915
	*AIA*9：当同事讨论起教育人工智能时，您会产生威胁感与排斥感	3.68	0.878

不同群体教师的人工智能焦虑现状对比见表 6-5。由表 6-5 可知，不同性别、年龄、学历、地区的教师群体所展现出的人工智能焦虑程度并不具有显著差异，而不同年龄阶段的教师对人工智能的焦虑情况存在显著差异，其中 30 岁及以下、31～40 岁的教师群体的人工智能焦虑均值水平较低，分别为 3.380 和 3.342，50 岁以上的教师群体对人工智能的焦虑程度最为严重，均值水平达到 3.789，由此可见，高龄教师群体的人工智能焦虑情况更应受到重点关注。

表 6-5 不同群体教师的人工智能焦虑现状对比

人口学变量		均值	标准差	显著性
性别	男	3.427	0.778	0.214
	女	3.570	0.745	
年龄	30 岁及以下	3.380	0.941	0.002
	31～40 岁	3.342	0.752	
	41～50 岁	3.467	0.688	
	50 岁以上	3.789	0.680	

表 6-5（续）

人口学变量		均值	标准差	显著性
学历	本科以下	3.222	0.723	0.203
	本科	3.520	0.762	
	研究生	3.714	0.696	
地区	城区	3.599	0.767	0.177
	县区	3.512	0.687	
	乡村	3.383	0.739	

（二）教师人工智能焦虑的成因分析

为探究教师人工智能焦虑的主要成因，本书对假设模型进行检验与修正。教师人工智能焦虑成因的结构方程模型见图 6-2。

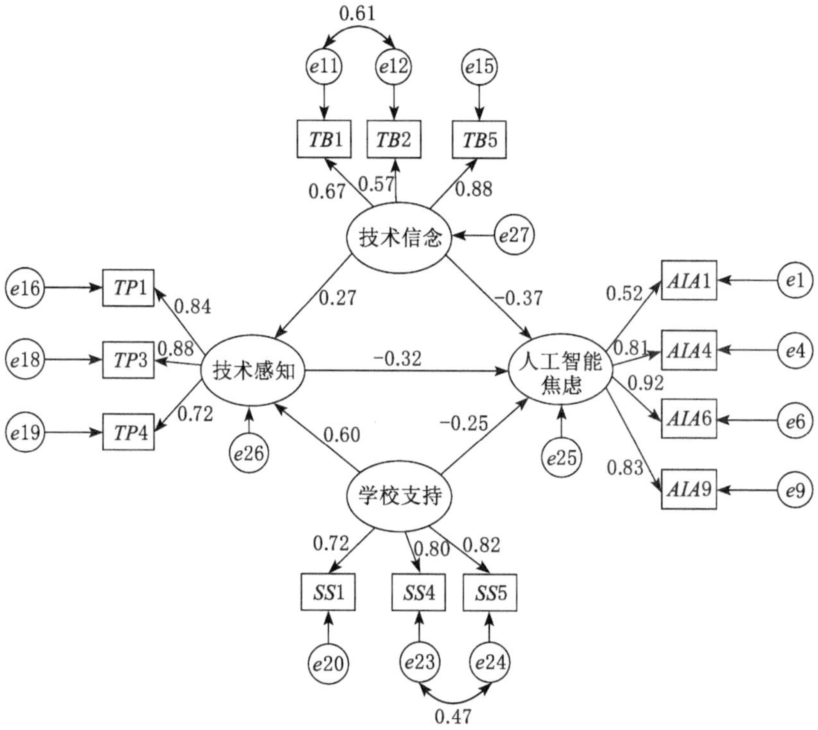

图 6-2　教师人工智能焦虑成因的结构方程模型

经过检验，该模型拟合效果较好，CMIN/DF(1.906)、RMSEA(0.064)、TLI(0.954)、CFI(0.966)、NFI(0.932)、IFI(0.966)、SRMR(0.0 683)等指标①均达到结构方程模型的拟合要求。

标准化路径效应及假设检验，即结构方程模型的路径效应分析结果见表 6-6。其中，技术信念作用于教师人工智能焦虑的标准化系数为−0.365，且 $P<0.05$，可知教师技术信念能够对教师人工智能焦虑产生负向影响；技术感知作用于教师人工智能焦虑的标准化系数为−0.318，且 $P<0.05$，可知技术感知对教师人工智能焦虑产生负向影响；学校支持作用于教师人工智能焦虑的标准化系数为−0.246，且 $P<0.05$，可知学校支持能够对教师人工智能焦虑产生负向影响。此外，技术信念与学校支持作用于技术感知的标准化系数分别为 0.271 与 0.602，且 $P<0.05$，换言之，教师是否具备较强的技术信念、是否能够获取学校提供的人工智能技术使用支持，是决定其对人工智能技术教育应用深度感知与理解的关键。综上所述，在最终修正得到的模型中，各研究假设均得到证实。

表 6-6　标准化路径效应及假设检验

路径关系(研究假设)	标准化估计值	标准误差	P 值	检验结果
$H1$:技术信念→人工智能焦虑	−0.365	0.079	0.000	成立
$H2$:技术感知→人工智能焦虑	−0.318	0.081	0.002	成立
$H3$:学校支持→人工智能焦虑	−0.246	0.070	0.013	成立
$H4$:技术信念→技术感知	0.271	0.086	0.000	成立
$H5$:学校支持→技术感知	0.602	0.085	0.000	成立

1. 技术信念可对教师人工智能焦虑产生负向影响

研究发现，技术信念对教师人工智能焦虑产生负向影响，技术信念越低，教师的人工智能焦虑程度越高。缺乏技术信念的教师一般对人工智能赋能教育教学的实际功效并不抱有积极态度，其可能因自身能力不足、技术难度过大等阻碍人工智能与学科教学的有效融合，也会影响教师对于人工智能技术的使用意愿与态度。如此来看，技术信念是影响教师人工智能焦

① CMIN/DF，卡方自由度比；TLI，非规范拟合指数；NFI，规范拟合指数；IFI，递增拟合指数。

虑形成与变化的关键指标，进一步分析，其主要原因可能是技术信念不仅影响教师如何利用信息技术组织课堂和与学生互动，而且影响教师的信息化教学行为。教师技术信念越高，其在相同的条件下越是善于利用智能技术对课堂教学进行重大改变，越是善于利用智能技术扩大课堂边界，在此情形下，其对人工智能的焦虑情绪也相对较少。

2. 技术感知可对教师人工智能焦虑产生负向影响

研究发现，技术感知对教师人工智能焦虑产生负向影响，对人工智能与教育教学整合效果持排斥与怀疑态度的教师，往往表现出更高水平的人工智能焦虑。首先，尽管人脸识别、智能题库等技术与产品在中小学的应用越来越多，但不少教师对人工智能的认识依然处于一种茫然状态，在其未真正理解人工智能的教育应用价值与优势之前，其可能出于自我保护主义，将有可能主动排斥人工智能进入其课堂教学。其次，当前人工智能整体处于弱人工智能阶段，多种人工智能技术尚待进一步实现算法突破与算力提升①，其在教育中的应用易导致一些伦理与法律风险问题（例如，非法监听、隐私泄露、网络攻击等），且有关人工智能替代教师职业工作的新闻报道或消息频出，教师逐渐对人工智能的教育应用价值产生不信任与恐惧。

3. 学校支持可对教师人工智能焦虑产生负向影响

研究发现，学校支持可对教师人工智能焦虑产生负向影响，若学校管理者、人工智能开发商等群体未成功履行技术监管、技术改进等方面的义务责任，则会影响教师对于人工智能的合理认知与技术期待，也会对人工智能的教育应用产生紧张感或恐惧感。首先，当前我国中小学教育信息化发展虽取得了一定的成效，但其技术保障往往存在一定的区域差异，偏远贫困落后地区的中小学校难以在人工智能时代获取较为充实的智能教育平台与资源。其次，技术保障涉及人、财、物等多个方面的技术力量支持，对于不少中小学而言，如果经费较为充足，配备智能终端、智能系统等技术平台或系统并非难事，但难处在于部分教师并不熟悉人工智能的应用方式与实际价值，从而导致教师在个体胜任层面持自我否定与自我怀疑态度。

① 罗俊.计算社会科学与人工智能[J].贵州师范大学学报(社会科学版)，2016(6)：40-42.

4. 技术信念、学校支持可对技术感知产生正向影响

研究发现,技术信念、学校支持可对技术感知产生正向影响,教师对人工智能技术教育应用的实效性、易用性、可行性等方面的感知与态度受到教师技术信念水平以及学校层面的技术保障、应用指导的影响。一方面,教师对于自身是否具备合理应用人工智能的方法、技能等方面的自信心与效能感,将会影响其对于人工智能与教育教学整合的态度与意愿。另一方面,学校如果能够在软硬件配置、技术指导、技术培训等方面提供实质性管理贡献,联合技术开发商共同开展教育人工智能相关知识与技能方面的培训,为教师提供多样化的智能教育资源以及精准化的技术应用服务,将有助于增强教师对于智能技术实际效能的个人期待与合理认知,消除教师对于如何操作人工智能设备、如何改进人工智能应用方案等诸多问题存在的困惑与不解。

四、中小学教师人工智能焦虑的消解路向

综合上述分析,本节围绕智能教育素养发展、技术效能感培育、人工智能应用成效反思、责任伦理框架构建等四个维度,提出教师人工智能焦虑的消解路向。

(一)以理解力与实践力为抓手,助推学科教师的智能教育素养发展

应对人工智能在教育领域引发的焦虑问题时,教师智能教育素养培育便成为缓解这一焦虑问题的关键策略。一方面,智能教育素养培育的首要任务是构建教师智能教育基本知识体系,涵盖理论性知识、实践性知识和技术性知识三个方面,这是智能教育素养培育的基础和前提。另一方面,人工智能引发的焦虑是体现在教育情境中的,重点应在情境中推动教师与技术的和谐共处,让教师在情境中合理运用技术工具,缓解其焦虑。此外,学校应为教师营造人工智能技术的群体学习氛围,提供智能教育知识的学习、交流与应用平台及系统支持,尤其应降低高年龄段教师对于日益更新的人工智能技术的畏难情绪;教师则应不断强化将智能教育融入日常教学与管理情境的行动自觉与能力,注重提升智能教学能力以及整合教育证据能力,主动提高数据素养、信息化教学能力及智能教育胜任力,在实践中不断积累智能技术使用经验,提升技术整合意识与技术批判力。

（二）聚焦技术效能感培育，增强人工智能场域下教师的技术信念

教师人工智能焦虑的产生在一定程度上缘于教师人工智能技术效能感的不足以及缺乏在人工智能时代角色转型的自觉意识与期望。因此，应聚焦技术效能感培育，帮助教师深刻理解与把握其在人工智能时代中的角色属性，进而增强人工智能场域下教师的技术信念。首先，在人工智能时代，教师必须正确认识和掌握自己在课堂教学中所扮演的多重角色。教师需要在自觉意识和角色预期的基础上，主动学习和理解教育人工智能技术的优点和缺点，并自觉地提高自己的技术效能感，从而提高在日常教学和管理情景中运用人工智能技术的效果和信心。其次，教师需要理解并明确其对于人工智能及其教育应用的领导角色。尽管人工智能可凭借超强算力与自适应决策大幅提升教育教学的效率与精准程度，却不能像教师一样对学生精神世界和道德行为产生深刻影响。教师应成为人工智能与教育教学整合的领导者，这正是人工智能时代教师角色期望中“人”的主体性的坚守以及教师技术信念的产生来源。

（三）侧重技术价值评价，助力教师情景化反思人工智能应用成效

教师人工智能焦虑的产生在一定程度上来源于人工智能教育应用效果的模糊性特征，因此，应侧重技术价值评价，推进基于循证的技术接受与整合成效研判，在校内形成人工智能对学校发展与教学改进的共同愿景，减轻教师对于人工智能技术价值的不确定性感知，从而进一步消解教师人工智能焦虑。一方面，学校应注重构建基于数智融合的课程教学监测系统，研判教师人工智能教育应用的成效，以促进教师技术价值感知与认同。应鼓励教师使用大数据与人工智能技术有效观测学生成长状况与教学实践问题，并为其提供教学效果的可视化反馈，在此基础上，利用教师课堂行为、教学结果、学生学习状态等多维数据，实现基于数据证据的人工智能技术应用成效研判，帮助教师明确人工智能是否适用于特定教育环节。另一方面，学校应尝试利用智能技术挖掘与分析教学、管理等多类教育数据，分析教师在人工智能应用方面的实际诉求，优化智慧教育装备的性能，助力教师反思人工智能与教育教学整合的现状、困境及提升路径，推动教师反思如何在教育教学中合规化应用智能技术。

（四）以责任伦理为理论框架，构建学科教师智能教育应用工作指南

当教师将人工智能应用于不同学科的教学实践时，不可避免地会产生可能的问题和风险，人工智能焦虑在一定程度上来自于对这些未知风险的隐忧与惧怕。因此，学校可尝试构建基于责任伦理框架的学科教师智能教育应用工作指南，规避人工智能教育应用可能带来的潜在性风险，进而消解教师的人工智能焦虑。首先，基于责任伦理框架的教师智能教育应用工作指南应强调责权相统一，责任伦理强调通过明确责任和义务来约束、规范责任主体，既应明确教师人工智能教育应用的权利范围和内容，也应对教师的责任意识、责任范围予以明确和界定。其次，从问题与风险的规避层面着手消解教师人工智能焦虑。在教育人工智能产品的设计与规划、研发、运行、管理与升级等环节，管理者与技术服务者需要全程跟踪与负责，为教师智能教育素养的提升提供多元支持[①]。最后，针对人工智能教育应用中所产生的隐私泄露、人格侵害、伦理失范等技术风险，也需要明确不同主体的风险治理责任，设立技术风险治理责任框架，培养治理主体对人工智能技术风险的识别、预测与治理能力，进而缓解教师的人工智能焦虑。

第三节　智能时代教师的行动取向

随着人工智能逐渐上升为国际竞争的新焦点，人工智能与教育的关系随之成为国际领域的关注热点。我国政府部门及相关机构为抢占教育人工智能高地，颁布了相关政策并在不同教育层次实施了多项举措。2017 年 7 月，国务院发布《新一代人工智能发展规划》，强调建设人工智能学科，实施全民智能教育项目，在中小学阶段设置人工智能相关课程，逐步推广编程教育。2018 年 4 月，教育部发布《高等学校人工智能创新行动计划》，提出加大人工智能领域人才培养以及构建人工智能多层次教育体系。2018 年 4 月，国内第一本关于人工智能技术的中学教材——《人工智能基础（高中版）》在上海市发布，标志着人工智能在中小学教育中的应用进入一个崭新阶段。这表明，人工智能的教育优势已在教育教学领域及政府战略规划层面引起

① 刘斌.人工智能时代教师的智能教育素养探究[J].现代教育技术，2020，30(11)：12-18.

较多关注。人工智能技术的不断发展对教育现场产生相当大的冲击,对教师职业提出了新的要求与挑战,引发了诸多教师对于人工智能是否有可能代替其工作的忧虑。在人工智能时代,教师对于教育人工智能的认知与理解如何?教师如何认识和处理自身与智能技术的关系?本节尝试对人工智能与教师间关系进行质性分析,以期回应相关议题。

随着自然语言处理、自适应、人脸识别等智能技术的快速发展,人工智能与教育教学的融合不断显现其独特优势,在教师专业发展与自我身份建构中不断释放其革新力量。基于数据与算法的人工智能技术易将教师的教学活动及专业发展框定在刻板的程序化结构之中,在不断追求"可算度"的计算理性的过程中,传统教师职业及角色受到了冲击,易使教师在职业工作、知识传授、立德树人、管理决策等方面的角色优势有所削弱。在此背景下,转变教师自身角色认知、重塑教师身份属性与内在意蕴的诉求日益强烈。由此,深度剖析人工智能时代教师角色面临的现实挑战,并提出教师角色重塑的行动策略,有利于为人工智能时代教师身份转型提供价值参照。

一、文献回顾及研究设计

(一)文献回顾

人工智能对教育产生的影响使智慧教育或智能教育成为当前教育改革与发展的重头戏,人工智能与人类智慧的交锋为重新审视教师角色提供了新的契机。在人工智能的冲击下,众多教师也逐渐担忧自身职业是否会被人工智能取代。学界对人工智能与教师关系的研究概况表述如下。

1. 国外研究层面

较多国外学者认同人工智能教育应用可发挥积极功效,也较为认同"教师职业难以被人工智能完全替代"的观点。英国广播公司在分析了365种职业未来在英国的被淘汰概率后,发现教师被机器人取代的概率仅为0.4%。有研究指出,人工智能为教育教学开辟了新的视野,但智能数据挖掘较大的不确定性与不稳定性等技术局限是人工智能教育应用无法取代经验丰富的教师的原因之一，教师应当成为引导技术可能性发展方向的掌舵者[①]。有研究表明，在K-12教室中使用智能教学系统可以非常有效地帮助学生学习，从而使教与学更加有效[②]。以上观点不仅认识到人工智能技术的潜力与优势，也揭示了人工智能在教育应用中的局限性。

2. 国内研究层面

有些国内学者尝试围绕教师教书育人的工作内容与人工智能的功用做出分析与讨论。例如，有学者认为，人工智能可以替代教师重复的“教”的劳动而让教师更加专心在“育”的活动上，教师可以去做更有价值的、机器无法替代的重要事情，比如关心学生内心的想法和感受等。有学者指出，人工智能可助力教师精准实现因材施教[③]。也有部分国内学者对人工智能时代教师角色的转变进行探讨。例如，有学者指出，人工智能时代的教师应及时转变角色，回归育人，坦然应对人工智能时代带来的教育变革。有学者认为，人工智能时代教师角色转变主要体现在“育人”价值更加凸显，教师由传统角色向知识的引导者和智能机器的合作者等角色转变。也有学者指出，在人工智能时代，教师职业将逐渐走向人机协同的局面[④]。整体来看，诸多学者较为认可人工智能的教学辅助角色，且普遍认为人工智能很难在育人层面替代教师。

综上，人工智能的教育应用需予以规范，若超越教育需求及背景条件盲目推行复杂且无序的人工智能应用，则有可能会对教师工作产生较多技术负担。当前人工智能时代教师角色的研究尽管从教师角色认知、教师角色转变等诸多方面做了一些基本论述与分析，但一些深层次的教师角色议题尚未解决。从教师职业功能的角度来说，人工智能时代教师角色究竟涉及哪些核心内容？人工智能时代教师在教育实践中应遵循何种行动取向？本

---

① POPENICI S A D, KERR S. Exploring the impact of artificial intelligence on teaching and learning in higher education[J]. Research and practice in technology enhanced learning, 2017, 12(1): 1-13.

② HOLSTEIN K, MCLAREN B M, ALEVEN V. Student learning benefits of a mixed-reality teacher awareness tool in AI-enhanced classrooms [C]//PENSTEIN ROSÉ C, MARTÍNEZ-MALDONADO R, ROSE LUCKIN H. U H, et al. Artificial intelligence in education: 19th international conference, AIED 2018, London, UK, June 27-30, 2018, proceedings, part I. Cham: Springer International Publishing, 2018: 154-168.

③ 胡伟. 人工智能时代教师的角色困境及行动策略[J]. 现代大学教育，2019(5)：79-84.

④ 吕恺悦，孙众. “人工智能＋教师教育”的现状、动态与问题[J]. 现代教育技术，2019，29(11)：114-120.

节尝试从教师角度的实证研究出发，挖掘教育人工智能场域下的教师角色及行动取向，以期为人工智能时代教师究竟该做什么、怎么做提供基本参照。

（二）研究设计

1. 研究方法

本书采用扎根理论的研究方法，通过理论抽样选取 90 名中小学一线教师为研究对象，通过深度访谈的方式获取第一手资料，从访谈资料中发现、发展和检验人工智能对教师角色的冲击。之所以选择扎根理论的研究方法，是因为其研究目的是从经验资料中生成理论，而不是仅限于描述或解释研究对象，其结果是对现实的理论呈现。访谈者通过文字、录音等方式记录访谈内容，获取一线教师对人工智能与自身在教学功能、辅导功能和管理功能等方面表现的认知资料，其后通过开放式、主轴式及选择式 3 种编码方式生成教育人工智能场域下的教师角色理论，并针对其角色分析结果提出教育人工智能场域中教师该采取的行动取向。基于编码分析结果，访谈者进一步利用问卷调研方式，获取教育人工智能场域下教师角色的现状与问题。最终依据质性分析及问卷分析结果，提出教育人工智能场域下教师的行动取向。

2. 访谈内容

刻画智能时代的教师角色，需要划分教师角色的具体内容。有学者将教师角色行为划分为教学能力（教学计划的拟定和实施、编选教材等方面的能力）、行政能力（一般行政和专项业务的计划、执行、沟通与协调等方面的能力）及辅导能力（一般学生的辅导和专项辅导等方面的能力）①。有学者将教师角色功能划分为教学功能（教师能够拟定教学计划和实施教学活动）、班级管理功能（教师能够维护班级秩序以及学生安全）、辅导功能（教师能够协助与辅导学生解决问题，并帮助学生建立良好的人际关系）及行政管理功能（教师能够参与规划学校活动，分担教学以外的行政事务，与家长和社区能有所协调与互动）②。本书综合上述两种划分，将教师角色功能分为教学、

① NAYIR K F，CINKIR S. The roles of teachers：comparing Turkey and Ireland［J］. The anthropologist，2015，20(1/2)：1-12.

② HARRIS B，BIDDULPH M. Surviving and thriving：a small-scale study of the role of group work training in developing teachers' professional practice［J］. Pastoral care in education，2000，18(1)：9-16.

辅导、管理三个维度，其中管理维度涉及班级管理和行政管理两个方面。本书以人工智能与教师关系作为访谈基本关注点，具体根据教学功能、辅导功能、管理功能等教师角色来拓展访谈内容，设计半结构式访谈提纲，引导受访教师访谈时的讨论方向，以期能深入剖析教师对于人工智能的态度与看法。访谈提纲见表 6-7。

表 6-7　访谈提纲

维度		题项
背景资料		性别/年龄/最高学历/职称/任教科目/任教年数
教师角色的基本定位	人工智能与教师关系	您认为未来的人工智能会为教学现场或教师带来什么样的改变？
		您认为教师对比人工智能（机器人）有何优越之处？
		有人说："未来的人工智能（机器人）会取代教师，为学生提供更优质快速的学习"，您对这句话有什么看法？
教师角色的功能体现	教学功能	面对来自不同程度背景的学生，您如何在教材设计、教学方法或是评量方面因应？
		您如何了解学生的学习情况？如果发现问题您会如何解决？
		有人说："未来的人工智能（机器人）可以通过大数据的运算快速整合大量资源并系统地教给学生，并于课后解决学生的学习困难"，您对这句话有什么看法？
	辅导功能	您如何维持与学生良好的关系？当学生发生异常或有困扰时您会如何解决？
		有人说："未来的人工智能（机器人）会依靠大数据学习不同的问题解决策略，提供最佳处理方式"，您对这句话有什么看法？
	管理功能	您如何维持班级秩序与团体生活？如果发现问题您会如何解决？
		有人说："未来的人工智能（机器人）可以取代教师教学，如此教师就能专注于学生课堂或常规的日常生活管理"，您对这句话有什么看法？
		您是否兼任过行政职务？面对学校内外事务时，如果发现问题您会如何解决？
		有人说："未来的人工智能（机器人）可以取代教师教学，让您更专注于行政事务，或者是人工智能可以取代繁杂的行政事务"，您对这句话有什么看法？

3. 访谈样本

扎根理论中的理论抽样即一种建立在概念或主题之上的资料收集方法,其目的是从地点、人物和事件中来收集资料,以期最大化地从属性和维度上形成概念来揭示变量并寻找概念之间的关系。因而本书在选择访谈对象时既尽可能地与本书的主题和内容最大程度相关,也力求在数量上满足样本数量需求。本次访谈通过网络方式寻找受访者,共选择 45 位男教师、45 位女教师作为访谈对象。其中,有 30 位教师为 S 市(直辖市)智能教育示范区的中小学教师,有 32 位教师为 W 市(东部发达省份的经济发达城市)教育信息化示范学校的中小学教师,有 28 位教师为 L 市(西部欠发达省份的省会城市)的中小学教师。部分受访者的性别、年龄、最高学位、任教时间、是否担任过行政职务等个人情况如表 6-8 所示。

表 6-8 受访者资料(部分)

编号	性别	年龄/岁	最高学位	任教时间/年	是否担任过行政职务
F1	男	30	硕士	5	否
F2	男	35	本科	11	是
F3	男	27	硕士	3	否
F4	男	45	本科	22	是
F5	男	28	硕士	4	否
F6	女	32	硕士	8	是
F7	女	29	硕士	5	否
F8	女	36	本科	13	是
F9	女	42	本科	20	否
F10	女	45	本科	23	是
F11	男	27	硕士	3	否
F12	男	45	本科	22	是
F13	男	28	硕士	4	否
F14	女	32	硕士	8	是
F15	女	29	硕士	5	否
F16	男	27	硕士	3	否

二、教育人工智能场域中教师角色的实证分析

(一) 编码分析

1. 编码方式

编码是将资料简化为有组织且条理连贯想法的组合①,也是标签或标示在研究中所汇集描述性或推论性资料的意义单位②。本书采用 Nvivo 11 软件作为辅助分析工具,对访谈资料进行收集、分析、编码与探索。首先将获得的 90 份访谈录音转化为文字资料,在转录过程中为保证数据质量的真实性与客观性,因而保留了受访者的口语化资料,同时录入受访者语言与非言语信息,累计共转录文档约 72.3 万字。编码分析基于扎根理论,通过开放性编码、主轴编码、选择性编码的编码过程,分别对访谈提纲的访谈维度所涉及材料进行编码,尝试探寻不同访谈维度的教师关注重点及主要观点。

2. 饱和度检验

在编码过程中,为避免研究者独立编码产生过大误差,本书采用两名编码者分别独立编码的编码方式,并通过归类一致性检验,判定扎根理论编码是否达到理论饱和。其中,归类一致性检验的数学公式为:

$$\mathrm{CA}=\frac{2S}{T_1+T_2} \tag{6-1}$$

其中,S 代表编码人员在资料编码方面的相同或者相近的编码数量,T_1、T_2 表示两位编码人员各自的总编码数量,CA 为归类一致性系数。据此,编码信度系数的数学公式为:

$$R=\frac{N\times \mathrm{CA}}{1+(N-1)\times \mathrm{CA}} \tag{6-2}$$

其中,N 为编码者的个数,R 为编码信度系数。两编码者的归类一致性系数最低为 0.708,最高为 0.901。编码信度系数最低为 0.829,最高为 0.948。使用归类一致性方法得到的编码信度系数≥0.8 时,说明编码者一致性较高。经过

① SMITH C, SHORT P M. Integrating technology to improve the efficiency of qualitative data analysis: a note on methods[J]. Qualitative sociology, 2001, 24(3): 401-407.

② CHOWDHURY M F. Coding, sorting and sifting of qualitative data analysis: debates and discussion[J]. Quality & quantity, 2015, 49(3): 1135-1143.

检验，本书编码一致性符合要求，编码数据可信。编码信度(部分)，见表 6-9。

表 6-9　编码信度(部分)

访谈文本编号	CA	*R*
1	0.882	0.937
2	0.853	0.921
3	0.766	0.867
4	0.757	0.862
5	0.737	0.849
6	0.767	0.868
7	0.788	0.881
8	0.901	0.948
9	0.722	0.839
10	0.708	0.829

（二）编码结果

1. 智能时代教师角色涉及“技术认知及角色”“技术体验”“教学、辅导及管理功能”

通过对 90 份访谈资料的编码结果进行整理和概括，最终形成的编码分析结果见表 6-10。最终形成的选择编码包括 C1 智能技术认知、C2 智能技术角色、C3 教师技术体验、C4 智能技术与教师教学、C5 智能技术与学生学习、C6 智能技术与学习辅导、C7 教师陪伴与倾听、C8 智能技术与班级管理、C9 智能技术与行政管理。

表 6-10　编码分析结果

选择编码	主轴编码	开放编码
C1 智能技术认知	B1 技术优势	实现人性化服务；助力教学创新；精准知识传授；实现个性化资源定制；等等
	B2 技术应用	智能教育；机器人教育；智能监测；智能数据挖掘；人脸识别；语音识别；等等
	B3 技术与人际关系	促进信息传输；便捷人际交流；推动信息反馈；了解人际交往需求；等等
	B4 技术与情感表达	智能技术难以表达情感；智能技术不能体会学生心情；智能技术缺乏同理心；等等

表 6-10（续）

选择编码	主轴编码	开放编码
C2 智能技术角色	B5 技术功能有限性	智能技术并非万能；智能技术难以实现德育；人工智能难以完全替代教师；等等
	B6 技术与知识传授	人工智能有利于教学资源的发现与推送；智能技术能够助力知识信息的挖掘；等等
C3 教师技术体验	B7 教师的技术看法	不太相信人工智能；担心人工智能的风险；不相信人工智能可以完全替代教师；等等
	B8 教师智慧与德育	教师在德育方面具有优势；教师能够利用自己智慧实现学生品格培育；等等
	B9 教师效率与技术辅助	智能技术助力知识的可视化呈现；智能技术助力学情分析；等等
C4 智能技术与教师教学	B10 技术与教育数据收集	智能数据挖掘；智能数据筛选；等等
	B11 技术与信息传送	智能技术助力信息的定向传送；教育信息的智能化反馈；等等
	B12 技术与个性化教学	智能技术助力个性化学习资源推送；智能技术助力学生数据画像的生成；等等
C5 智能技术与学生学习	B13 技术与学习方式	智能技术与在线学习方式变革；智能技术与翻转课堂的结合；等等
	B14 技术与学习资源	学习资源的智能收集与定制；学习资源使用情况的智能监测；等等
	B15 技术与学习反馈	智能技术可推动学习质量反馈；智能学习评价；等等
C6 智能技术与学习辅导	B16 技术与学习问题发现	学生学习数据的智能分析；学生学习难点的动态反馈；等等
	B17 技术与学习策略改进	人工智能有利于学生学习风格的捕捉；智能技术可方便学习方式的调整；等等
C7 教师陪伴与倾听	B18 教师真诚陪伴	学生需要教师的陪伴；学生学习离不开师生的情感互动；学生辅导成效与师生互信有关；等等
	B19 教师倾听与师生交流	智能技术难以倾听学生的心灵；教师可唤醒学生心灵；师生互动充满生命力；等等

表 6-10（续）

选择编码	主轴编码	开放编码
C8 智能技术与班级管理	B20 技术与学情分析	人工智能可助力班级学习情况的分析；人工智能可以监测学生的班级行为；等等
	B21 教师与班级秩序	班级关系的处理离不开教师的人性关怀；智能技术难以具有真正情感；等等
C9 智能技术与行政管理	B22 技术与例行性事务	一般的例行性事务可以由人工智能代替；人工智能在处理常规流程方面具有优势；等等
	B23 教师人际关系与行政事务	人际关系涉及人的因素；智能技术难以代替人进行人性化的沟通；等等

基于上述分析，本书所得的选择编码具有较强的说服力，可进一步将教学功能、辅导功能、管理功能统整为教师角色的功能体现，而且教师角色的功能体现与教师角色的基本定位均属于教育人工智能场域下教师角色研究的核心组成部分。结合编码分析结果，本书设计出教育人工智能场域下教师角色的系统框架（见图 6-3）。

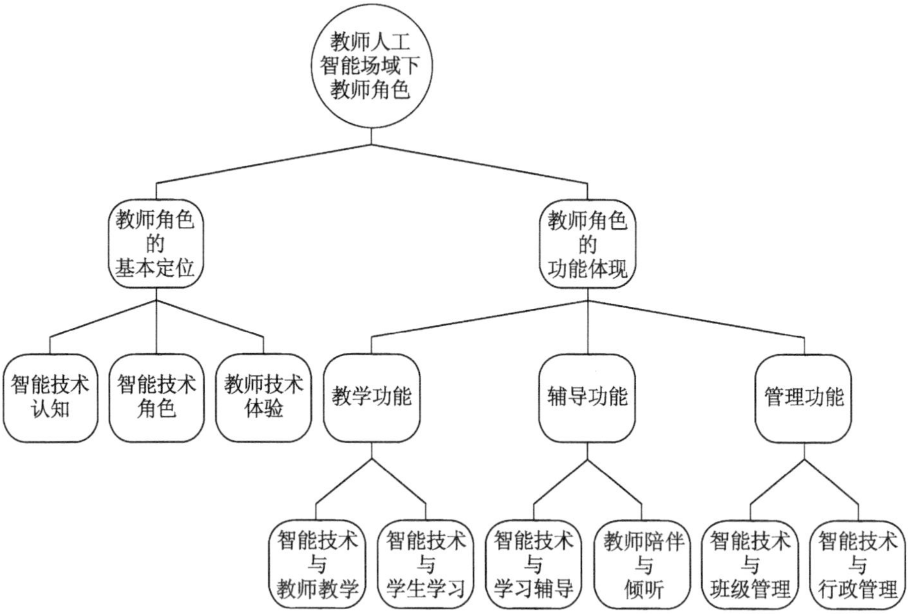

图 6-3　教育人工智能场域下教师角色的系统框架

2. 个性化教学、知识传授及数据挖掘是人工智能便利教师职业的主要路径

词频分析有助于厘清教育人工智能场域下教师角色的关注热点。词频查询结果可视化分析见图 6-4。从图 6-4 可以看出，人工智能、教育、教师、学校、教学、学习、技术、知识、需要、数据等词属于高频词。这在一定程度上说明，在教育人工智能场域下，教师对于自身角色的认知集中体现在智能技术与教学的关系、智能技术与知识传授的关系、智能技术与个体需要满足的关系、智能技术与教育数据挖掘的关系等方面。据此，词频的分布情况基本上体现了人工智能时代教师角色重塑的基本方式，个性化教学、知识传授及数据挖掘是人工智能便利教师职业的主要路径。

图 6-4　词频查询结果可视化分析

3. 教师对智能技术角色、智能技术与教师教学等方面的关注度较高

选择编码分布情况的分析有助于进一步厘清教育人工智能场域下教师角色不同维度的关注度。人工智能场域下教师角色选择编码的覆盖率分布见图 6-5。各选择编码的覆盖率从高到低依次是智能技术角色(46.95%)、智能技术与教师教学(41.93%)、智能技术认知(41.25%)、智能技术与学习辅导(40.84%)、教师陪伴与倾听(34.86%)、智能技术与班级管理(29.68%)、智能技术与行政管理(29.24%)、智能技术与学生学习(22.10%)、教师技术体验(21.31%)。其中，教师对智能技术角色、智能技术与教师教学、智能技术认知、智能技术与学习辅导的关注度较高(覆盖率均大于 40%)，但对智能技术与班级管理、智能技术与行政管理、智能技术与学生学习、教师技术体验

的关注度较低(覆盖率均小于30%),这在一定程度上反映教师目前对人工智能与教学管理、学生学习间关系的认识尚待进一步加深,有必要从"人工智能与教师教学关系"的关注转化为"人工智能与教、学间关系"的关注。

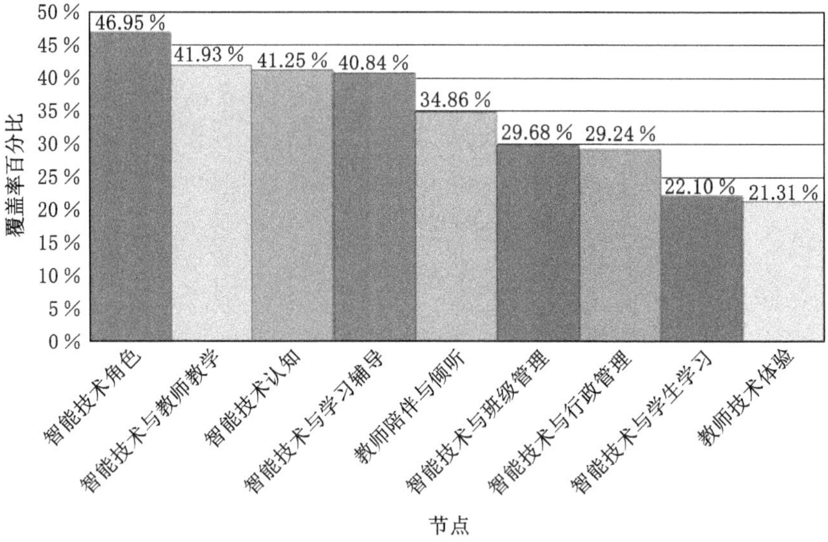

图6-5　人工智能场域下教师角色选择编码的覆盖率分布

三、教育人工智能场域下教师角色的认知现状

基于以上分析,结合具体的访谈材料,本书研究发现教育人工智能场域下教师的角色主要体现在以下四个方面。

(一)基本定位:教师应成为知识信息、数字资源智能传播与呈现的掌舵者

教育人工智能场域下,在教师角色的基本定位方面,教师应成为知识信息、数字资源智能传播与呈现的掌舵者。选择编码C2智能技术角色包括B5技术功能有限性和B6技术与知识传授两个方面。面对人工智能的发展,大部分受访者认为,智能技术并非万能,难以完全替代教师,人工智能可以辅助知识的智能化呈现、智慧汇聚多样化的数字资源,但是知识智能呈现的方式和数字资源的筛选方向仍依赖教师本身。一方面,人工智能在知识及资源智能创生方面大有作为。人工智能已经在课堂教学行为分析、学习

者情感建模、用知识图谱预测学生的学习表现等方面有了一定突破，可增强学生在学习体验方面的沉浸感。例如，F5 教师指出，“教育机器人这类教育人工智能产品能够对教学监测与分析提供帮助”。另一方面，因教学时间、场域等因素的复杂性，智能化知识呈现及资源创生很可能与教学场景的动态需求存在实践偏差，人工智能很难及时捕捉学生认知水平与资源期待的短期变化，智能时代的知识呈现及数字资源建设仍需教师通过“察言观色”“互动沟通”等方式予以统筹，教师依然是智能时代知识呈现与数字资源创生的掌舵者。例如 F2 教师指出，“人工智能很难触动德育和情感沟通等方面的内容，这些内容还是需要教师有教育现场的即时应变对策”。

（二）教学功能：教师可扮演基于证据的个性化教学决策者与分析者

在教学功能上，个性化教学、知识传授及数据挖掘是人工智能便利教师职业的主要路径，教师可扮演基于证据的个性化教学决策者与分析者。根据编码结果，本书划分出了 C4 智能技术与教师教学、C5 智能技术与学生学习两个方面。在 C4 智能技术与教师教学方面，编码显示了 B10 技术与教育数据收集、B11 技术与信息传送及 B12 技术与个性化教学三个维度。较多受访者提到，人工智能可在全面采集、分析学生学习过程数据的基础上，实现基于证据的智能教学决策，助力个性化教学的深度推进。例如，F23 教师指出，“人工智能可通过各式各样的测验评判学生的学习困难”。在 C5 智能技术与学生学习方面，编码显示了 B13 技术与学习方式、B14 技术与学习资源及 B15 技术与学习反馈三个维度。受访者提到人工智能可以改善教育数据的挖掘、收集与分类模式，可为教师在学情分析、课堂监测、问题反馈等方面的教学工作提供信息支持，有助于教师根据教学实情及变动有效调整教学安排。例如，F33 教师指出，“人工智能可以规模化地捕捉学生的每一个反应、眼神、动作和表情，教师能据此做出回应并调整教学，让个性化的教学决策变得有据可循”。综上，人工智能在智能教学系统的功能延展、领域知识模型和学习者模型重构等方面的应用可促使教师的“教”和学生的“学”更为快速与精准，因而智能时代的教师应主动保持人类教学的灵动性与主体性，利用智能技术实现基于证据的个性化教学决策与分析。

（三）辅导功能：教师应成为智能时代学生辅导的情感补位者

在辅导功能方面，较多受访者认识到当前人工智能技术在人际关系、情感表达方面的应用局限性，教师需成为智能时代学生辅导的情感补位者。对于教师辅导来说，教师智慧优于人工智能之处主要在人际互动与情感表现方面。教师辅导所涉及的“品行熏陶与情感表现”无法被人工智能取代，这也是教师的优势。在人工智能很难触动的“品行培育与情感支持”环节，教师依然需要及时且迅速地针对不同学生的性格特点、兴趣爱好、学习困境做出灵活回应，以便最大限度满足学生的个性化需求。选择编码 C6 智能技术与学习辅导涉及 B16 技术与学习问题发现、B17 技术与学习策略改进两个维度，C7 教师陪伴与倾听涉及 B18 教师真诚陪伴及 B19 教师倾听与师生交流两个维度。受访者已经意识到了人工智能在学生学习辅助方面能够做出迅速反应的优势。例如，F29 教师谈到，“人工智能可通过大数据迅速发现学生学习过程中的薄弱环节，可以迅速找出解决策略、对症加强薄弱环节的练习”。受访者也认识到，人工智能虽可便利教师辅导，但却替代不了教师辅导中真诚陪伴学生的功能。例如，F40 教师提到，“辅导是科学，也是艺术，人工智能可以解决科学部分，但艺术部分却很难灵活解决，即人工智能可以解决表面问题，但辅导方面有些深层的东西它却碰触不到”。综上，虽然人工智能的协助可以快速有效地找到适合学生的辅导策略，但是人机互动缺少了人情的关怀，因而教师应该在使用人工智能技术应用的同时不忘落实真诚陪伴学生的责任①。

（四）管理功能：教师应成为非常规类班级及行政管理的人力保障者

在管理功能上，本书根据编码结果划分出了 C8 智能技术与班级管理、C9 智能技术与行政管理两个方面。在 C8 智能技术与班级管理方面，涉及 B20 技术与学情分析及 B21 教师与班级秩序两个维度。较多受访者认为，班级秩序及文化建设、学生隐私保护等非常规类班级管理内容的建设仍需教师予以引领与统筹，由此可知，教师应成为非常规类班级及行政管理的人力保障者。例如，F55 教师提到，“人工智能辅助班级管理的这一问题，对于常规的、通过数据调取进而合成的内容，机器人有可能很快处理，但例如班级文化建设等方面的问题依赖教师能力的发挥，此方面彰显了教师的‘人为

① VALTER P，LINDGREN P，PRASAD R. The consequences of artificial intelligence and deep learning in a world of persuasive business models[J]. IEEE aerospace and electronic systems magazine，2018，33(5/6)：80-88.

优势'"。F63 教师提到,"人工智能虽然可以监测学生表情及行为,但如何才能避免因此侵犯学生隐私还需教师来把握"。在 C9 智能技术与行政管理方面,受访者的关注点集中在 B22 技术与例行性事务及 B23 教师人际关系与行政事务两个维度。受访者普遍认为人工智能在例行事务辅助方面优势明显,但在涉及人际关系协调和互动上人工智能尚无法有效实现。例如 F52 教师提到,"行政事务的处理离不开人际关系的处理,而人工智能很难去解决人际关系的问题"。综上,人工智能很难去有效处理一些涉及"打交道"的行政事务,一些非常规管理事务的现场处理一般以人际关系的调和为载体,如果交由机器人完成则缺乏了人的情感关怀,因而此部分仍需教师来完成。

四、教育人工智能场域下教师的行动取向

在人工智能发展迅速的时代,机器人的出现使得越来越多的职业有可能被替代,即使教师不会被取代,但是他们仍然有必要了解自身在人工智能时代的行动取向,才能更好地适应这一变革。

(一)教师应注重智能时代知识传授及数字资源建设的人文渗透

智能时代便捷了人们获取知识的速度与途径,知识获取与数字资源的建设也转向数智化升级,但不可摒弃知识的内容输出与人文建设。智能时代的技术应用不仅不可以摈弃人文,还要更加注重人文渗透,因为人文教育意味着内心秩序的建立、行为方式的分寸感及思考边界的拓展。这需要教师做到:其一,教师要有意识地培养自身的技术认知,把握好智能技术使用的界限,以人文熏陶为主,关注教育的人文原则,让技术为自身所用而不是被技术裹挟向前;其二,教师应有意识地在教学中渗透人工智能教育,让学生能够主动地掌握人工智能技术相关知识,辩证地看待技术带来的机遇与挑战,例如在应用人工智能技术的同时可以穿插讲解教育与技术的发展历史;其三,在具体的教学环节之中,教师可以将人文教育与技术应用融入教学过程,鼓励学生营造互帮互助、共同进步的学习氛围,在此氛围下学习智能技术的应用,于细节之中发挥教师对学生情感、态度和价值观的引领作用。

(二)教师应注重提升智能教学与教育证据的整合能力

人工智能通过编程预先构建的模块,能够快速地识别出学生的眼神、表

情、动作等反应，能够根据这些反应来调整教学的进度和难度，从而为个体化的智能教学提供技术支持。但是，教育证据难以对智能教学产生直接的影响，它必须建立在教师具有将智能教学和教育证据进行科学融合的能力基础之上。具体说来，这需要教师做到：其一，教师要充分利用"互联网＋教育"的动态性、交互性、多媒体性，通过运用虚拟现实技术、人工智能技术以及智能平台，设计出适合学生学习的课程，使学生可以自由表达自己的观点和理解，并为教育证据的集成获取海量的数据基础。其二，教师要具备选择、理解、筛选和评估各种信息的数据素养，可以将数据转化为信息，使学生的学习情况可以在课程内容、教学方式等教学活动中得到有效反映。教师要能总结并掌握几种由动态的、即时的、历史的、全面的数据构成的可以反映学生学习状况的方法，而且要以辩证的眼光去看待并积极地把握住这些信息，让信息为教育教学的决策提供依据，从而维持人类教学的灵动性和人文性。其三，教师要有意识地对数字资源进行分类、汇聚与筛选，即对收集回来的信息进行梳理、加工和优化，以充分发挥数字资源的价值，提高学习效率。在资源或信息整合的过程中，核心在于将原本看起来毫无关联的两样甚至是多样事物加以组合，从而得出新的判断，创造出新的价值。这就需要教师具备全局性思维，将单一问题置于系统之中去理解，在把握核心因素的基础上扩大问题的影响因素分析范围、多方面考虑直接或间接的因素，运用所梳理出的影响因素做出基于教育证据的教育决策。

（三）教师应实施智能帮扶与情感补位相结合的辅导策略

尽管借助智能技术能够为教师提供重要帮助，但人工智能在具有创造性思维、批判性思维、同理心等方面的情感技术发展仍然具有局限性，这些活动还是应由教师去完成。因而，这需要教师做到：其一，教师需要主动建构完善自身的心理知识辅导体系，在确定性知识的"训练"越来越被人工智能取代的背景下，教师的身份和角色更多地向学生成长数据的分析师、价值信仰的引领者、个性化学习的指导者、社会学习的陪伴者以及心理与情感发展的呵护者等方面转换①，因而教师要主动学习和补充教育心理学的知识储备；其二，教师应有意识地培养自身观察、识别和处理学生情绪、心理问题的

① 范国睿.智能时代的教师角色[J].教育发展研究，2018，38(10)：69-74.

能力，尽管智能机器对于学生学习状况与情感波动的捕捉能力十分灵敏，但是仅仅依赖数据抓取的心理交流层面有其局限性，对于一些比较内向、自控能力差的学生来说心理冲击很大，难以深层次的关心学生，这时便需要教师主动地发现和识别此类情况，真诚地陪伴学生，引导其表达出自身的困惑，帮助其解决面临的问题，进行智能帮扶与情感补位相结合的教育教学活动。

（四）教师应基于管理情境适度应用与合理省思智能技术

人工智能通过云端存储、互联网架构、大数据收集和分析等手段，在管理信息快速获取、信息综合判断等方面具有独特优势，未来的教学管理情境具有复杂性，常规与非常规的教学管理情境存在特定差异，教师应基于管理情境适度应用与合理省思智能技术。为此，教师需要做到：其一，教师应主动思考人工智能在教学管理工作中所能充当的角色，熟悉人工智能应用于教学管理工作中操作的业务情况，适当将一些常规性或例行性的行政事务手续依托人工智能的智能终端、程序运行及自然语言处理予以解决，以减轻教师的行政负担；其二，教师应提升自身运用智能技术进行行政事务管理的方案制定、数据集成、规划整合及具体应用能力，例如对班级管理的业务需求进行调研，通盘考虑不同业务类型所需要的数据采集、集成和管理方法，因应班级管理需求来自主设计管理方案的实际执行步骤，并详细设计方案、数据的保存、保护方法；其三，教师应注意智能技术的应用范畴，确保智能技术在行政事务处理中不得侵犯个人隐私和正当权益，例如通过精心设定班级管理的目标节点，建立数据库管理和监督机制，详细定义和规范数据库的运营规则，持续监控系统平台的运行，及时纠正偏差，不断优化，始终保持和遵循技术平台支持下的管理活动的秩序及伦理。

第四节　小　　结

智能技术正在对校园建设、教学发展等方面产生实际性影响，这也改变了教师职业存在的现有空间。尽管教师仍被认为是无可取代的角色，但是他们的教学活动将会被人工智能所影响。通过在课堂中加入教师、学生、教学内容、教学媒体之间的多维互动，可完成从传统灌输模式向即时交互模式的转变，同时也在一定程度上改变了师生的互动模式。但需要指出的是，一些智能系统还没有达到能够可靠地取代许多人类工作的地步。虽然人工智能系统提供了许多功能,但它们难以取代教师所有的工作,其也存在相应的技术实现难点。数据依然是人工智能的基础,许多数据依然杂乱无章,并不完整,这也是人工智能的致命弱点。事实上,尽管智能技术可能仅仅取代了某种工作范畴中旧的做事方式,但由于技术具有不确定性,公众很难精准判定与预测人工智能将走向何方,不少教师自身也由于多种原因着实存在一定的焦虑问题。在人工智能与教育融合生态下,教师不仅需要完成角色转换,转化为学生个性化需求的教学服务提供者、学生学习陪伴者、动力激发者、情感呵护者,真正成为学生"灵魂工程师"①。借助人工智能在教育的应用优势,教师可在精准辅导、学情监测等方面获取较多便利,教师也应尝试以助手或朋友的心态看待人工智能的发展与应用。在人工智能场域下,教师在生活和工作中如何缓解教师角色焦虑注定是一个需要长期实践的过程,教师不仅需要顺应技术时代的变革趋势,也要保持对技术的敏感性并敢于科学使用新技术,教师应明确自身在教育中的主体意识,肯定自我存在的价值,以免在人工智能时代迷失方向。

近年来,"人工智能进校园"受到社会公众关注,不少教师在迎接人工智能的到来之前,也预料到了潜在的威胁,甚至担心教师职业将被机器人或其他智能产品淘汰,进而产生极强的人工智能焦虑。然而,人类是有机生命体,其与人工智能相比具备人性与情感优势。教育是高度情感化的活动,在现阶段人工智能的发展中,机器取代的是那些机械性和重复性的活动,并不能完美取代教师职业所涉及的任何工作,教师需正确看待人工智能焦虑现象并消解非理性的技术焦虑。就目前的发展趋势而言,人工智能的发展是不可逆的,人工智能的存在与应用可为教育创新发展提供新的动力。教师如何成为人工智能时代技术领导者与技术改进者,从朋友关系视角看待人工智能的教育存在,以其人性优势为支撑,在机器繁荣中保持教师职业的独特性,将是未来教育发展中的一个重要课题。

伴随5G时代的来临,智能感知、机器学习等人工智能技术在教育领域将有可能得到进一步的应用与推广,这将促使教育教学更为人性、高效、便利和智慧化。但技术走得愈快,愈要有人文关怀。本章从教师视角出发,探

① 范国睿.智能时代的教师角色[J].教育发展研究,2018,38(10):69-74.

讨了教育人工智能场域下的教师角色与行动取向，发现人工智能的发展虽在计算智能、认知智能等方面取得了一定成就，但其在情感智能方面还有漫漫长路要走。而且，人工智能在教育领域的应用也面临不同形态的教育资料系统尚未整合、教育系统不能过度依赖大数据分析、数据资料收集不能影响学生隐私、人工智能无法完全取代教师角色的实然困局。因此，人工智能的教育功能并非万能的，其也具有相应的功能有限性。人工智能时代教师角色定位与教师实践应以教书育人为核心任务，以立德树人为基本原则，以技术辅助为重要手段，推动智能课堂、智能教辅系统和智能管理体系的建设与发展，改善教师教学方式及学生学习方式，促使教育教学既有技术与效能，也有人文与人性。教育场域是一个技术、人、环境、设施、空间等诸多要素相互作用而形成的复杂场域，本章仅从教师自身的视角出发探讨了当今教师队伍对人工智能与教师人类智慧交锋的看法，展望未来，还需继续拓展智能时代教师角色研究视角，可尝试将教师行为与活动作为一个小系统置于人工智能的场域之中，结合技术应用、环境设计、学生学习适应等其他方面来探讨教师行动取向。

第七章

人工智能赋能教师教育变革

随着传统信息技术逐步实现智能升级，技术赋能教师教育的形态也实现重大变革。当前，人工智能时代教师教育发展已成为我国教师教育领域关注的热点。本章尝试聚焦人工智能赋能教师教育这一议题，探寻人工智能赋能教师教育的基本逻辑与实践路向，以期为新技术时代教师教育变革提供有益参照。

第一节　技术赋能教师教育的历史变革

随着人工智能技术的发展，从理念到实践层面，越来越多的“类人化”产品和服务被应用到现实生活中，并在一定程度上突破了传统信息技术，推动人类社会的进步。信息技术的变革是分阶段的，从传统的信息技术到人工智能、5G等新技术的发展，这些新技术之间的相互关系也在不断改变，从而促进了信息技术变革，并产生了一些具有不同特点的社会时代类型。就教师教育而言，技术赋能教师教育的历史进程主要经历了以音频技术、视频技术、传统计算机技术等手段为主的电化教育时代，以网络教育、远程教育和线上教育管理系统为核心的教育信息化时代，以及以5G、人工智能等新技术为主的“智能＋教育”时代三个发展阶段。

一、电化教育时代：技术赋能教师教育的初步探索期

虽然早在1952年就已有部分院校为师范生开设“电化教育技术”课程，但是，技术赋能教师教育真正得到长足发展始于改革开放后。1978年4月，邓小平在全国教育工作会议上指出，“教育部和各地教育行政部门，要采取切实有效的措施，比如充分利用广播、电视，举办各种训练班、进修班，编印教学参考资料等，大力培训师资。”[①]这次讲话不仅有力地推动了我国电化教育的发展，也促进了广播、电视等现代化手段在教师教育中的应用，开启了技术赋能教师教育的初步探索。同年，我国正式成立了中央电化教育馆。1979年6月，国家有关部门就培养电教人员的迫切性、师范院校开设电化教育公共课、组织举办多种形式的电教短训班以及如何开设电教专业等问题进行了座谈。1981年10月，教育部颁文要求发挥电化教育在提高师资水平中的作用。

20世纪80年代中后期，计算机网络技术和通信技术的不断成熟和进步，推动了电化教育的迅猛发展。面对仍然有大量在职教师不能胜任教育教学工作的现状，1991年12月，国家教育委员会颁文，提出应充分发挥电化教育手段在继续教育中的作用。1993年，中共中央、国务院颁发的《中国教

---

① 邓小平.邓小平文选：第二卷[M].北京：人民出版社，1994：109-110.

育改革和发展纲要》提出要积极发展广播电视教育和学校电化教学，推广运用现代化教学手段，到20世纪末，基本建成全国电教网络。与此同时，我国初步构建了多层次、多类别、多形式的教师教育网络，教师教育标准更加规范化。1996年，国家教育委员会印发《中小学计算机教育五年发展纲要(1996年—2000年)》，要求所有师范院校的学生都应学习计算机应用课程及计算机选修课程，要逐步对非计算机学科的教师进行辅助教学方面的培训，使其掌握计算机辅助教学知识和技能。这一政策强调了教师对计算机等电化教育教学手段的掌握，对教师教育信息化进行了初步探索，但这一时期教师教育发展存在着信息滞后、区域教师教育发展不均衡等诸多问题。

二、教育信息化时代：技术赋能教师教育的快速发展期

2002年11月，中国电化教育协会正式改为中国教育技术协会。随后，教育信息化一词成为电化教育更名教育技术以来的热词，技术赋能教师教育也逐步从电化教育时代迈向教育信息化时代。21世纪初，全国的教育信息化建设基本以项目和工程方式推进，强调要以远程教育为依托，建设覆盖城乡的开放教育系统，以提供多层次和多样化的教育服务。在此背景下，我国教师教育信息化得到显著发展。2002年，《教育部关于推进教师教育信息化建设的意见》对教师教育信息化建设的指导思想、原则、发展目标和措施等提出了全面具体的要求，有力地推动了我国教师教育信息化事业的快速发展。随着大众传媒、互联网技术等信息技术的普及，在线教师教育、远程教师教育等教师教育形态得以实现，拓展了教师教育领域的沟通与交流渠道。自2006年开始实施中小学教师新课程国家远程培训项目后，我国认识到项目化对于教师教育的重要价值，教师教育信息化建设自此开始由宏观指导为主转变为以项目来推进，如教育部随后实施了“2007年暑期西部农村教师国家级远程培训计划”，并在《2009—2012年中小学教师国家级培训计划》和《教育部 财政部关于实施“中小学教师国家级培训计划”的通知》等文件中也都提到了以具体的项目来推动教师教育信息化。

此外，随着教师教育信息化建设的快速发展与体系完善，教师教育管理信息化也开始崭露头角。例如，《教育部关于大力加强中小学教师培训工作的意见》提出建立教师培训管理档案，逐步实现教师培训管理信息化、制度化。这进一步催生了一批独立的教学管理信息系统和线上教育服务平台，

这些系统与平台收集和存储了大量的教师教育行为数据信息。随着终身学习时代的到来,教师需要主动学习新时代的知识和技术,成为终身学习时代的引领者。与之同时,教师教育也顺应技术发展新形势,利用互联网、多媒体、云计算等信息技术,培养具有信息化教学技能的新型师资,并逐步向适应教育信息化要求的方向转变。但由于这一时期信息资源良莠不齐,教师教育过程的数据挖掘和分析还相对滞后,教师教育管理决策上对于信息化工具的定位存在偏差,对于硬件设施投入与建设的关注高于软件设施,教师教育课程资源尚未实现有效的区域联通,教师教育仍较为侧重针对教师的技术培训,在技术赋能教师教育课程建设、技术赋能教师教育评价机制构建等方面的力度不足。

三、“智能+教育”时代:技术赋能教师教育的创新转型期

自 2016 年起,人工智能进入迅速发展阶段,2017 年是人工智能的“应用元年”,国务院 2017 年印发了《新一代人工智能发展规划》,提出围绕教育、医疗、养老等迫切民生需求,加快人工智能的创新应用,为公众提供个性化、多元化、高品质的服务。随着人工智能、大数据等智能技术与教育教学不断深度融合,为推动教师主动适应信息化、人工智能等新技术变革,积极有效开展教育教学,2018 年教育部办公厅印发了《教育部办公厅关于开展人工智能助推教师队伍建设行动试点工作的通知》,2019 年在北京举行的“2019 年人工智能+教师教育国际研讨会”进一步印证了“人工智能+教育”的发展得到了政府、教育界和产业界的高度重视。2021 年 4 月,《教育部办公厅关于开展第二批人工智能助推教师队伍建设试点推荐遴选工作的通知》明确强调,应充分利用人工智能、大数据、5G 等新技术的优势,探索如何利用人工智能助推教师教育改革,例如,建立师范生大数据评价管理机制,创新“人工智能+教师研修”模式等。随着教育人工智能的不断发展,机器学习、智能感知、数据挖掘等人工智能技术为教师教育带来新的资源与空间,技术赋能教师教育进入了“智能+教育”时代,技术赋能教师教育面临创新转型期。

人工智能重构了教师教育人才培养目标,推动了物理学习空间、虚拟学习空间的融合,带给学生沉浸式的立体化学习体验,有利于打破职前教师培养与职后教师培训的壁垒,其在助力教师终身学习与持续发展方面愈发受

到关注①。例如,2021 年,《教育部 财政部关于实施中小学幼儿园教师国家级培训计划(2021—2025 年)的通知》强调,应推进人工智能与教师培训融合发展,形成人工智能支持教师终身学习的新机制。综合来看,仅有少数学者针对如何推进人工智能时代教师教育发展展开讨论。例如,有学者从教育意识、多方发力和教师创新设计思维等方面出发思考教师教育如何创新发展。人工智能时代教师教育的评价、课程等构成要素还存在内容不清晰、资源推送混乱等问题,智能技术在教师教育领域的应用还存在伦理风险、数据混乱、方式单一等难点,教师的智能教育素养还需进一步提升。在"智能+教育"背景下,人工智能如何赋能教师教育这一议题尚待进一步挖掘。

第二节　人工智能赋能教师教育的基本逻辑

人工智能可对教师教育产生影响并引发教师教育变革已成为学界的共识。有学者认为,人工智能从技术、资源以及意识形态层面介入教师教育领域;有学者指出,在智能化时代,人工智能引发了教师教育的目标、内容与模式的改变,需要从理念重塑、内容扩展、模式变革和制度建设等四个方面重构教师教育生态。人工智能对教师角色的转型提出了新的要求,使得教师教育内容与目标也面临着新的挑战。因此,利用人工智能技术助力教师教育创新发展,成为破解教师专业发展困境的新途径。人工智能虽对教师教育提出了新的命题,但其自身也恰恰是解答这一命题的核心突破口,人工智能作为一种新兴技术手段,可以帮助教师更好地利用各种资源、有效地开展教学活动。基于此,本节拟对人工智能赋能教师教育的基本逻辑予以阐释,以进一步澄清人工智能对于教师教育的重要价值。剖析人工智能赋能教师教育的基本逻辑,可从分析信息技术对教师教育的影响路径入手。

从相关文献来看,有学者提出,"互联网+"背景下教师教育的变革逻辑要从培养目标、课程设置、课堂教学、专业发展、学习方式、评价方式、学校组织结构、管理模式以及生态环境等方面进行反思与重构;也有学者认为,信息技术对教师教育的课程设置、教育模式、评价方式、应用实践、培训和终身学习方面等产生了影响;还有学者聚焦"人工智能+教师教育"生态系统,将

① 朱龙.人工智能时代教师教育创新发展路径与趋势研究[J].数字教育,2020,6(3):16-20.

解决教师培训方式变革以及教师教育的管理问题作为该生态系统构建的重要目标①。可以看出，教师教育课程、评价、管理及培训是人工智能时代教师教育变革的核心要素，其中，课程是教师教育的主要载体，评价是教师教育的调节工具，管理是教师教育的秩序保障，培训则是教师教育的关键环节。综上，本节尝试从课程、评价、管理和培训等四个层面具体解析人工智能赋能教师教育的基本逻辑（见图 7-1）。

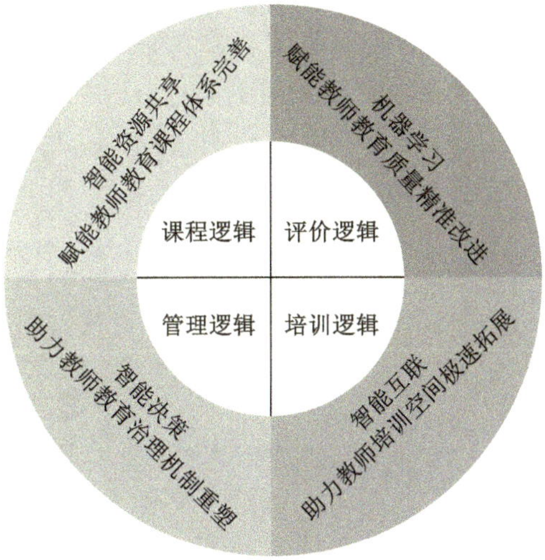

图 7-1　人工智能赋能教师教育的基本逻辑

一、课程层面：智能资源共享赋能教师教育课程体系完善

教师教育课程是整个教师教育系统中的重要组成部分，也是提高教师教育能力的根本所在。人工智能在资源推荐、资源整合等方面，都拥有智能属性。人工智能赋能教师教育的一大优势是可以用智能资源共享来赋能教师教育课程体系的完善。首先，数据智能化技术可以为教师教育的课程资源建设提供强有力的支撑。可以利用智能化的资源开发平台，对大量的教案、课件、课堂实录、习题等教学资源进行设计和整合，还可以利用大数据的智能匹配和分析功能，为教师挑选出好的课程资源并推荐适合教师的学习

① 陈雷．“人工智能＋教师教育”生态系统的初步探究[J]．现代教育技术，2019，29(9)：13-18.

材料，为教师提供精准化的培训课程与培训体系，进而有效促进教师专业化发展水准。其次，人工智能可助力教师教育课程管理建设，可基于智慧课程管理系统为教师及教师教育者提供留言、点评、交流、反思等信息共享功能，并实现海量的教师学习行为数据精准采集与分类，可基于数据分析与共享技术为教师教育者改进课堂教学方式与内容设计提供证据支持。归纳来看，智能资源共享可以提供多种形式的信息共享。从数据资源到教学资源，从知识结构到实践技能，智能资源共享可以帮助教师进行专业学习，为教师提供智能化的教师教育课程资源建设服务，例如智能化的教师教育课程需求监测、智能化的课程资源检索和使用服务等，从而有助于拓展教师教育课程学习的资源与空间。此外，还可以根据教师的实际需求提供个性化的教学服务，满足他们不同层次和不同类型的需求，此为人工智能赋能教师教育的课程逻辑。

二、评价层面：机器学习赋能教师教育质量精准改进

在人工智能技术日益成熟的今天，作为一种智能技术的机器学习在教育评估中引起了广泛的关注。因此，对职前与在职学校的师资培训质量进行综合评估，是目前面临的一个重要问题。机器学习在海量数据挖掘、信息线索抽取和文本可视化展示等领域展现出的独特优势使其在教师教学质量评估中的应用价值日益突出，机器学习对教师教学质量的精准提升可以看作是一种人工智能赋能的价值逻辑。首先，利用机器学习技术可以有效地对教师教育过程中的数据进行精确挖掘。长期以来，教师教学质量评价中存在重结果（结业考评、期末考评等总结性评价方式）、轻过程（自身教学过程中的潜在问题）的评价倾向，较为忽视教师教育过程数据收集与分析。机器学习立足于对教师教育过程中大量数据的伴随式采集、深度挖掘与科学分析，通过寻求各类数据背后的隐含关系与价值，使得基于数据分析与理性证据的决策具有更大的现实可能性，从而为教师教育者提供更多有价值的信息，其为教师教育的过程性质量评价提供了有效数据支持。其次，机器学习可为教师教育质量证据化发展做出有益贡献。机器学习可通过智能传感、人脸识别、图像识别等技术实现在线教师教育数据、线下教师教育数据的有效采集与智能分析，有助于以大数据分析方式来可视化呈现教师教育质量分析结果。基于可视化分析结果，教师教育者能够敏锐抓住教育教学

中存在的漏洞并进行有效修正，助力教师教育质量有效提升。

三、管理层面：智能决策助力教师教育治理机制重塑

人工智能拥有规模化数据、深度学习算法以及高度计算力，其可以通过科学规范的数据聚类、数据认知、决策优化等过程，挖掘数据的复杂性关联和潜在价值，使智能决策成为可能。对作为管理的核心决策而言，基于自然语言处理和智能云等技术的智能决策有利于实现基于数据驱动的决策服务机制，进而有助于实现教师教育治理机制重塑，此为人工智能赋能教师教育的管理逻辑。首先，智能决策为以单向性、强制性及刚性为核心特征的传统教师教育管理模式走向科学民主式的教师教育治理模式提供了重要支撑。基于智能决策理念的教师教育治理将由经验走向循证，经由“提出问题→获取证据→评价证据→应用实践→效果评估”科学流程，自始至终指向准确和明智的最佳教育证据筛选与应用，保障教师教育决策有据可循。其次，智能决策本身体现一种数据治理理念，以规模化数据和智能算法为中介，促进教师教育决策过程由单一主体决策走向基于数据智能的多主体协作，有利于高校、教师培训机构等决策主体转向去中心化的多元协同机制，教师教育利益相关者可通过协同完成数据收集、表征、组织、分析、交流等环节，精准定位并预测教师教育的需求与供给状况，真正关注每位教师教育治理主体的个性化需求，最终生成兼具技术理性与人文关怀的智慧决策方案。

四、培训层面：智能互联助力教师培训空间极速拓展

教师培训作为教师教育的核心环节，一直备受国家关注。自 20 世纪末《中小学教师继续教育规定》颁布以来，我国教师培训发展迅速，特别是 2010 年“中小学教师国家级培训计划”的实施，使教师培训的规模、经费投入、相关制度和体系建设等飞速发展。然而，不少地区的教师培训工作仍然存在一些痛点，例如，对教师培训的需求分析不够细致与准确、培训内容重复与泛化、培训空间满意度不高等问题。以智能技术的高度发展为背景，教师教育空间将逐渐与虚拟空间相衔接，智能互联助力教师培训空间极速拓展成为现实，此为人工智能赋能教师教育的培训逻辑。首先，基于智能互联理念的教师研修平台的建立，使得教师培训的针对性与有效性得到了极大提升，它可以帮助教师创设更加开放、多元的线上虚拟研修空间，从而让教师能够

更加全面地了解自身认知结构、教学行为、教学风格以及专业能力等信息，并实现对教师教学精准监测与精准诊断，根据教师的实际情况进行个性化的课程推送与助学支持。其次，基于智能互联开展的教师培训助手系统为教师释放了工作空间场域。智能互联代替教师教育者从事一些琐碎、重复、机械性的工作，使其拥有了更多“个人空间”与“自由时间”，教师职业行为的开展将更多源于自发自觉活动，这使得教师可以在充分自我认知基础上更多反思课程设计、实践应用、沟通协作等方面的教师培训问题。最后，基于智能互联的跨区域培训云平台有助于拓展教师专业学习空间。“智能＋教育”模式打破了教师培训的时空局限，来自不同学校、不同地区的教师可以统一参加培训。这对实现偏远贫困、落后地区教师教育与发达地区协同发展具有重要意义，进一步增强了教师培训的灵活性，有助于实现跨区域的教师培训新机制，打造线上线下一体化的教师培训新机制。

第三节　人工智能赋能教师教育的现实困境

遵循人工智能时代教师教育体系构建的基本逻辑，从教师教育体系构建的实情出发，本节尝试从课程层面、评价层面、管理层面、培训层面等探讨人工智能赋能教师教育的现实困境。

一、教师教育课程体系难以适应智能时代教师专业发展

智能工具在教师教育中的应用越来越普遍，为教师教育带来了巨大变革，但由于智能机器尚处于低智发展水平，以及可能会带来多种伦理风险，这就对教师专业素养提出了更高的要求。要想实现教师教育的转型发展，就必须全面提升智能工具在教学中的应用效果，加强对智能工具使用规范的管理和监督。因此，有必要开设一系列系统、专门的人工智能理论性课程与实践性课程，以提高教师的智能教育知识水平，帮助教师解决智能时代复杂的教育教学问题。但就我国教师教育课程体系而言，其目前尚难以适应智能时代教师专业发展，具体体现在以下几个方面：首先，关于教师教育偏向学术性还是师范性的问题长期存在争议，造成了学科科目、课程结构、课程类型等方面的相对单一，专业的教师教育特色难以凸显，学科建设和师资队伍建设等专业化建设问题亟待解决。其次，从教学内容上来看，许多地方

的教师教育教材体系比较落后，教学内容尚未结合智能时代发展趋势进行知识更新，很难高效培养和塑造教师的科技素养、数据素养和人文素养。最后，长期以来，我国教师教育的教学方式仍然以线下课堂讲授与教师实训为主，信息技术在教师教育课程中的应用与开展仍受限于教师教育者自身的技术知识水平与信息整合能力，这导致教师教育课程的信息化发展难以快速进步，智能技术在教师教育课程方面的应用优势受到一定的制约。

二、基于证据的教师教育质量评价有待优化

在5G、人工智能、大数据等技术的支撑下，如何构建基于证据的教师教育质量评价体系是推动人工智能时代教师教育发展的一大难题。教师教育质量评价是在不同评价者对于教师教育过程进行主观事实判断基础上开展的价值判断活动，因此，即便评价对象是相同的，也会得出不同的评价结论，并构成评价中的价值冲突。为尽可能地减少评价过程中的价值冲突，在从事教师教育质量评价活动之前，需要确立相应的指导标准和价值准则。据此，为了保证教师教育质量评价能够更为科学规范，一方面需要构建统一且科学的教师教育质量评价标准体系作为衡量参照标准，另一方面需要在教师教育的各类环节都提供大数据技术进行精准监测，以便收集更为全面科学的信息数据。近年来，虽然不少国家都建立健全国家教师教育质量评价体系，促进教师队伍监测体系整体转向实证主义取向，但是反观我国教师教育质量评价的实践活动，教师教育的整体专业化水平亟待提升，教师教育质量评价也待优化。一是我国多数地区缺少循证主义的教师教育质量评价体系参照标准，导致教师教育质量评价活动的实践开展仍有很强的主观性与随意性，缺乏应有的专业性与规范性；二是我国教师教育质量评价存在量化指标评价的倾向，存在过多关注分数、成绩等数据的现象，“头痛医头、脚痛医脚”碎片化的评价方式尚存，没有在教师教育质量评价活动中借助人工智能技术全面收集教师教育活动信息，导致循证主义的教师教育质量评价格局尚未完全打开。

三、大数据赋能教师教育管理存在决策偏差

人工智能和大数据相关联，人工智能的功能发挥以数据处理与运算为依托。在人工智能领域，大数据所具有的规模、多样性、高速和价值等特征，

为精准的教师教育管理提供了一种可行的方案。教师教育决策者依托基于人工智能的大数据预测功能，可便捷地从基于经验分析转向基于数据驱动，这不仅在一定程度上能够缓解因部门之间的信息矛盾和信息不对称等带来的决策失误，还有助于教育管理者系统把握教师的个体诉求与行为轨迹，并据此进行信息反馈和教学激励。但特别需要注意的一个问题是，智能技术本身有双重影响，在助力教师教育决策科学化的同时，也会在人技关系上带来一些问题。首先，人工智能本身就是由人设计的，其使用的算法、数据以及数据处理方式也是由人规定的，必然会带有主观的感情色彩，此类不够客观的算法设计与数据处理偏见应用于教师教育管理过程，很难保证教育决策的精准性。其次，人工智能模仿人脑开展决策学习，尚不能清楚它预测的最终结果是什么，因此，教育决策的相关主体也容易陷入算法分析结果解读不准确的困境，从而削弱决策者自身的信任度。最后，人工智能算法本身处于发展阶段，所依赖的数据也会排除一些非数据化或难以用数据表征的教育问题，进而给以数据作为决策基础的教师教育决策者带来一定的决策盲区，产生大数据赋能教师教育的信息偏差现象①。

四、教师培训与智能技术的整合存在效度困境

人工智能技术的出现，为教师培训的需求分析提供了新的思路和可能，使其变得更加精准、更加全面、更加便捷。但人工智能也存在一定的局限，其中最为突出的是数据挖掘与智能算法设计无法做到尽善尽美。因此，在教师培训中使用人工智能技术时，仍存在效度困境，需要根据具体情况进行深入分析。首先，在教师培训中运用智能化技术，需要把大量的训练问题抽象成一个数学问题，并根据训练中的现实问题以及教育本身的逻辑，建立模型，设计算法，运用数据进行求解。但是，用算法和计算模型来量化和计算教育现象，会带来一些风险。风险的发生取决于计算模型和算法是否符合教育逻辑、教育过程和教育中的人是否可以被量化和计算、对教育过程的量化是否反映了教育本真、算法和计算模型是否安全可靠、算法和计算模型是否存在滥用误用等，这就需要考虑到智能技术用于教师培训的合理性与规

① 陈思.算法治理：智能社会技术异化的风险及应对[J].湖北大学学报（哲学社会科学版），2020，47(1)：158-165.

范性的界限，框定应用范围以规避风险。其次，智能技术在教师培训中的使用效能比较低。智能技术在教师培训中的应用受到了人力、物力、财力等多方面的制约。许多地区不仅缺乏具有较强智能教育素养的教师教育者以及足够的经费支持，而且也没有完善的智能技术培训系统，从而影响了智能技术在教师培训中的应用。另外，缺乏人工智能如何赋能教师培训的政策性文件与规章，会使得区域教师教育部门在利用智能工具开展教师培训活动时容易陷入“仅加大软硬件投入”的战略误区，缺乏对教师教育者技术接受与整合能力的有效训练，进而导致智能技术在教师培训中的应用空间与范畴大幅度缩小。

第四节　人工智能赋能教师教育的实践路向

本节旨在解决教师教育面临的两难选择问题，促进教师教育课程、评估、管理、培训等领域的深刻变革。同时，伴随着人工智能与教师教育的深度融合，人工智能对教师教育的赋能也面临着诸多问题，比如：教师教育的课程体系不能与智能时代的教师专业发展相匹配；基于实证的教师教育质量评价有待进一步优化；大数据对教师教育的支持存在决策偏差；智能技术与教师培训的融合存在有效性困境。因此，为更好地促进人工智能技术在师范教育中的合理运用，本节提出了以下几个具体的实践路径。

一、加强数字化课程建设，推进教师教育资源智能化开放共享

尽管教师教育资源建设中也出现了诸如微课、短视频、精品课等信息化形式，但是它们都存在着资源建设质量不高、区域协同性差、资源建设针对性不强等问题。在人工智能时代，无论是数据资源还是教学资源，都可以被表现为更容易被传播和计算的数字形式。因此，在教师教育资源的建设中，应该加强数字化课程建设，推动教师教育资源的智能化和开放共享。首先，由教师教育主管部门、教师教育机构和优秀教师共同构建智能化的区域性教师教育课程资源平台，根据区域性教师教育的数字化特征和教师培训的专业化要求，利用虚拟现实、增强现实和智能云等智能技术，构建“智能＋”的课程教学空间，以实践和理论相结合为核心，以微课、慕课、直播课和公开课等为核心，全面整合数字化的区域性教师教育课程资源，推进数字化的区

域性教师教育课程资源体系建设。其次,建立数字师范教育课程资源的监督管理制度。数字化教师教育课程资源的建设不能混乱无序,也不能没有条理,教师教育主管部门、学科专家、教育技术和知识媒体专家等多方人员应该组建一个数字化教师教育课程资源审查小组,保证数字化教师教育课程资源开发经过开发测试、内部评价、外部评价等严格流程,还应该利用机器学习、数据挖掘等智能技术,及时对受训在职教师或师范生的课程资源使用记录、共享渠道与心得体会予以电子存档。应运用数据智能技术,对文本、图像、视频等多种数字化教育资源进行归类整理,对相关资源进行合理分类,并定期进行更新与维护。最后,要建立智慧推送和共享的数字化师范教育课程资源。为了确保课程资源系统生态良好,可以构建优质数字化课程资源遴选机制,从源头上杜绝低质量的数字化教师教育资源流通,提升数字化教师教育课程资源的准入门槛。应将大数据分析与数字画像技术充分运用起来,通过智能筛选、提取和整合教师信息,构建面向师范生、在职教师的教师教育画像,有针对性地为教师提供特定的课程资源,优化数字化教育资源配置机制,以确保教师教育课程资源的精准推送。

二、立足评价改进,构建基于证据的教师教育质量监测体系

如前所述,在评价层面,以循证为基础的评估体系尚需进一步完善。评价在提高教师教育质量方面起到了引导的作用,在数据智能思想的不断深入下,愈多的教师教育质量评价开始重视数据式证据,如何将数据信息用于教师教育质量评价的证据提取和展示已经成了一个热点问题。因此,有必要立足于当前评价问题,构建基于证据的教师教育质量监测体系。首先,应基于智能数据挖掘,构建教师教育质量监测方案。从教师教育质量评价来看,其受评价主体的主观判断影响,如果评价所依赖的教育数据信息不够客观精准,那么教师教育质量评价的结果自然也无法保证准确性。因此,应基于教师评价需求进行数据挖掘,智能化地提取教师教育者以及受训教师等多主体的诉求,科学构建教师教育质量的评价方案。其次,创设基于证据可视化的教师教育质量分析机制。以大数据分析、生物信息识别、图像识别、视频分析等技术为基础,可以从教师教育投入、过程、产出、背景等方面展开教师教育质量观测,对教师教育行为和环境信息进行动态采集,严格执行数据筛选、数据比较、数据整合、数据呈现等一系列证据可视化流程,及时将教

师教育质量观测结果向教师教育主管部门、教师教育机构、教师教育者、受训在职教师、师范生等相关者公开，重视教师教育质量评价结果与改进方案的可视化呈现，从而进一步明确教师教育质量的改进方向与提升路径。

三、聚焦数智融合，优化教师教育决策偏差调节机制

如前所述，在管理层面，大数据赋能教师教育管理与决策的过程中，教育管理中容易出现决策偏差，因此，迫切需要将决策重点聚焦于数智融合，推动以大数据和人工智能为基础的决策创新。以往的教师教育决策存在主观判断、过度追求目标、决策流程过于僵化与落后、决策技术过于单一等问题，人工智能时代教师教育决策虽可实现基于证据的教师教育决策，但其并不意味着教师教育决策绝对的合理化与准确化，教师教育决策仍有可能存在偏差问题（例如决策偏见、决策失误等）。因此，有必要聚焦数智融合，优化教师教育决策偏差调节机制。首先，应构建基于数智融合的教师教育决策咨询服务体系。以师范教育、在职培训等形式为主的师范教育制度，牵扯多个决策主体，而过去的地区一级的师范教育政策，在师范教育与在职培训的衔接层次上，很可能会出现信息差距。因此，有必要建立一个智能决策咨询服务平台，将不同决策主体的决策建议和反馈意见进行动态汇集，并利用大数据分析技术，为教师教育者改善教师教育课程服务、管理服务、评价服务等方面提供高质量信息支撑和路径指引。其次，应关注教师教育决策偏差诊断与调节机制的创设。在人工智能环境下，教师教育政策的制定既要体现智能性特征，又要坚持以实证为基础的科学导向。应提高教师教育决策者的智慧教育素养和数据素养，为教师教育利益相关者打通决策信息共享的渠道，并及时诊断出教师教育决策中存在的主要问题及其成因，对教师教育决策中存在的各种不同类型的数据进行智能共享与整合，从而建立起一套专业化的教师教育决策偏差控制模型，并在决策偏差信息治理的基础上，实现教师教育决策的科学化和民主化。

四、关注智能研修，创设基于分层分类的精准化教师培训体系

如前所述，在训练层次上，智能技术与教师培训的融合呈现两难的窘境。过去的教师培训主要通过讲座、讨论、观摩和进修等形式进行，但这些形式都是短期的，很难实现对某一特殊群体（例如地处偏僻的乡村地区教

师)开展培训的长期目标。基于人工智能技术的教师在线研修平台和模型的建立,是实现教师终身学习和可持续发展的关键支撑。为促进人工智能对教师培训的帮扶作用,满足各类教师的学习需求,必须重视智能研修,建立一套以分级分类为基础的精准化教师培训体系。首先,由教师培养部门或组织开始,构建区域智慧学习社区,对参加网络学习的教师进行科学划分,从学习问题和学习案例两个角度,满足不同类型、不同层级和不同岗位的教师需要。基于此,教师教育者应当利用智能技术追踪教师研修数据,对研修过程中不同类别(例如城县、乡镇)和不同层级(例如新秀、骨干、专家)的教师研修行为进行智能跟踪,从而建立线上线下、必修与选修融合的精准教师研修模式。其次,应注重探索建立基于分层分类的教师发展测评系统,创设智能化教师培训成效评价模式。可以采用以人工智能为基础的教师发展测评体系,在分层和分级的基础上,注重教师学科、年龄和教龄等要素之间的本质差异,通过对过程和阶段数据的抽取和筛选,来设计和实施评价方案。同时,还应该重点提高教师教育者的信息化评价素养,尝试利用对教师发展画像的智能分析与评价,为受训教师后续的专业学习和教师的教学实践提供改进的方向。

第五节 小　结

在教师教育中整合人工智能技术的方法具有多样性,人工智能可为教师教育课程建设、教师教育质量评价、教师教育管理、教师培训等若干方面提供资源、环境与数据支持,可为未来教师的培养提供虚实结合的教师教育场景,并对教师教育体系的重构发挥基础支持作用。在以人工智能、5G、云计算等技术为核心支撑的智能时代,尽管人工智能对于促进教师教育发展具有关键作用,但是人工智能赋能教师教育改革的尝试也存在若干障碍。例如,根深蒂固的传统教师教育观念对智能技术变革的抵制;因教师教育者技术素养不足而引发的智能技术焦虑与恐惧;推动人工智能应用于教师教育的政策与规章不健全;欠发达地区缺乏相应的配套经费;等等。此外,从教师教育多年来的发展历程来看,并非所有的教师教育环节一定需要智能技术的渗透,教师教育利益相关者应明确人工智能赋能教师教育的实践限度,绝不可盲目追逐智能技术的推广与应用,也绝不可因智能技术的使用抛弃优秀的教师教育经验与传统。本章致力于探索人工智能时代教师教育发展的基本逻辑、现实困境与实践路向，正是对如何推进人工智能时代教师教育发展的理论回应。在未来教师教育改革发展过程中，如何推动智能化教师教育真正落地，值得众多教师教育工作者予以关注。对于推进人工智能时代教师教育发展而言，不仅需引入熟练的专业人员对人工智能赋能教师教育的实践方案进行全面评估，而且应关注人工智能与教师教育整合的情境契合度与伦理向度。如何最大程度消解人工智能赋能教师教育的现实风险，将有可能成为未来相关研究的关注重点。

伦理篇

Chapter of Ethics

本篇主要探讨现存教育伦理问题与解决路向,共有两章。其中,第八章为教育人工智能伦理向度与风险。该章首先诠释了教育人工智能伦理的内涵,其次分析了教育人工智能的技术逻辑,并指出技术伦理为教育人工智能伦理的本质属性,基于此归纳了教育人工智能伦理的基本向度和风险表征,最后提出了风险消解路径。第九章为责任伦理:教育人工智能风险治理诉求。该章首先梳理了教育人工智能风险治理的历史进路,其次提出了责任伦理为教育人工智能风险治理的新视角,分析了责任伦理框架和责任伦理困境,最后给出了责任伦理视域下教育人工智能风险治理路径。

第八章

教育人工智能伦理向度与风险

随着人工智能对于教育领域的影响效应逐渐提升，人工智能技术本身的技术意向性与教育本身的育人意向性不可避免地会产生诸多冲突与对抗，这呼唤学界在学理层面对教育人工智能伦理进行界定与诠释，并探寻消解教育人工智能伦理风险的路径与策略。在此背景下，本章尝试诠释教育人工智能的技术逻辑、伦理向度与伦理风险，挖掘教育人工智能伦理风险的消解路径，以期能为智能时代教育人工智能的深入发展提供价值参照。

第一节　教育人工智能伦理的内涵诠释

一、人工智能伦理

人工智能是计算机科学的一部分，其主要致力于研究、开发用于模拟、延伸和扩展人的智能的理论、方法、技术及应用系统。人工智能作为整合了前沿计算机科学和网络空间中大数据集的技术领域，其能够基于人为设定的算法和算力，对挖掘的数据集合进行精密的计算，从而实现预测、分析、创作、决策的功能价值。人工智能的出现极大地提升了工业生产与社会运转的智能性。作为一个面向知识的科学，人工智能着力于寻求对智能的深刻理解。人工智能的划界不确定性、无限可能性，引发了公众的担心与隐忧，担心其引发伦理危机。与之同时，人工智能伦理成为学界讨论的全球性话题。

基于前文对于伦理的界定，本书认为，人工智能伦理是指人工智能开发、应用等方面所应遵循的道理及准则，其聚焦人工智能的道德发展和部署。有关人工智能伦理的追问也是国际人权界几十年来一直在努力解决的问题。2017 年，在阿西洛马市召开的“有益的人工智能会议”制定了阿西洛马人工智能原则，概述了如何开展研究、使用人工智能开展研究必须遵从的道德和价值观等。2019 年，经济合作与发展组织（经合组织）宣布了人工智能指导原则，该指导原则旨在确保人工智能系统的安全性、公平性和可信赖性。2019 年《人工智能北京共识》涉及 15 项人工智能原则，包括造福、负责、控制风险等，用于规范人工智能的研究与开发、使用及治理。

综上可见，探讨与厘定人工智能伦理原则，是社会应对人工智能伦理风险、发挥人工智能的技术向善性的主要路径之一，众多组织机构对于人工智能伦理原则进行了规范性的探讨与梳理。虽然不同组织与个人对于人工智能伦理原则的划分存在差异性，对于人工智能伦理的实践规约不尽一致，但相关伦理原则也存在一定的交叉性与联系性。有学者对 84 份人工智能道德文件的审查表明，尽管所有文件中没有一项具体的人工智能伦理原则，但透明度、公正与公平、非损害性、责任和隐私等主题出现的频率在50%以上①。有学者将人工智能伦理原则的相关主题结合在一起，将符合道德的人工智能原则定义为：有益于并尊重人和环境（慈善）；稳健和安全（无恶意）；尊重人的价值观（自治）；公平（正义）；可解释、可问责和可理解（可解释性）②。归纳来说，本书将仁慈、安全、自治、正义、透明作为人工智能伦理的主要原则（见表8-1）。

表8-1 人工智能伦理的主要原则

主要原则	提出者（提出时间）			
	弗洛里迪等人（2018年）	欧盟委员会（2019年4月）	经合组织（2019年5月）	《人工智能北京共识》（2019年5月）
仁慈	必须有益于人类	尊重人的自主权	包容性增长、可持续发展和福祉	行善
安全	不得侵犯隐私破坏安全	预防危害	稳健性、安全性	控制风险
自治	必须保护和增强人类的自主性和决策能力	—	问责制	服务于人
正义	促进繁荣和正义	公平	以人为本的价值观与公平	多样与包容
透明	必须是可以理解和解释的	可解释性	透明度	开放共享

二、教育人工智能伦理

基于前文对伦理、人工智能伦理内涵的解读可知，教育人工智能伦理是教育人工智能开发、应用等方面所应遵循的道理及准则，其聚焦于教育人工

① JOBIN A，IENCA M，VAYENA E. The global landscape of AI ethics guidelines[J]. Nature machine intelligence，2019，1(9)：389-399.

② FLORIDI L，COWLS J，BELTRAMETTI M，et al. AI4People：an ethical framework for a good AI society：opportunities，risks，principles，and recommendations[J]. Minds and machines，2018，28：689-707.

智能的道德发展和部署。结合人工智能伦理的相关规则,本书将仁慈、安全、自治、正义、透明作为教育人工智能伦理的主要原则。

（一）仁慈

仁慈,在伦理意义上指向善行。人工智能的善行意味着其发展和应用应旨在促进人类的福祉和繁荣、和平与幸福、创造社会经济机会和经济繁荣,使技术成果能够共享并惠及人类。人工智能的教育应用应遵从教育本质,促进受教育者对世界的科学认识,利用技术造福于教育发展,保障教育公共利益。

（二）安全

人工智能安全通常与教育数据保护、教育数据安全、教育用户隐私相关。安全的教育人工智能一般涉及三个方面:其一,优质的技术解决方案,例如隐私保护、安全访问控制;其二,达成隐私与信任间的平衡关系;其三,健全的技术监管机制,涉及教育人工智能制度合规性、教育人工智能开发证书许可等。

（三）自治

教育人工智能发展的潜在风险在于教育者与管理者将不可避免地被人工智能提供的方案、结果所影响或制约,从而丧失部分自主决策的自治性。教育人工智能伦理的自治原则正是聚焦于对这一问题的解决。具体而言,人工智能在嵌入教育系统的过程中,应明确教育系统所具有的技术拒绝、自主决策的基本自由。需明确人工智能在教育领域的应用不是为了消弭教育主体与管理者的自主性,而是为了辅助教育主体和管理者进行教育活动与教育决策,在教育决策自由中优化教育。

（四）正义

教育人工智能的正义原则意味着人工智能不应削弱或破坏教育用户的尊严及权益,而应尊重、维护和增加人的尊严及权益。应通过立法、制定技术使用指南等举措避免用户受到恶意伤害,应建立一个强有力的教育安全防护体系,审视人工智能教育应用中的群体差异,尊重潜在的弱势群体。

（五）透明

透明这一原则要求人工智能公开、易懂或可解释且配套问责机制。教育人工智能伦理的透明原则针对的是人工智能系统的“算法黑箱”，其在应用过程中可能会侵犯教育主体的知情权，并危害个人的信息隐私安全。对此，透明原则旨在推动算法设计者、技术开发商、技术运营商、组织机构向教育领域中的各群体解释人工智能算法的基本逻辑，从而有效缓解双方之间的信息不对等问题。

第二节　教育人工智能的技术逻辑

在教育领域，教育机器人、智能教室、智能终端等热点词语代表了教育人工智能的发展前沿。当前层出不穷的教育人工智能产品或系统大多将“类人”属性作为产品的关键属性，不断追求技术产品对人的个体功能的超越，忽视技术本身所存在的工具局限性，从而陷入哗众取宠的技术误区，引发人工智能应用的失范现象。本书认为，基于人工智能的决策与服务并非完全是价值中立的，无论是数据采集、挖掘与使用，均离不开人的因素参与其中。因此，了解人类以何种方式参与教育人工智能的实际应用便显得尤为重要。

智能工具的应用包括三个基本原则。① 学习：获取和处理新体验，创建新行为模型。② 自我纠正：改进算法以确保最准确的结果。③ 推理：应用特定算法来解决特定任务。基于以上原则，本书构建了教育人工智能的技术逻辑，见图 8-1。

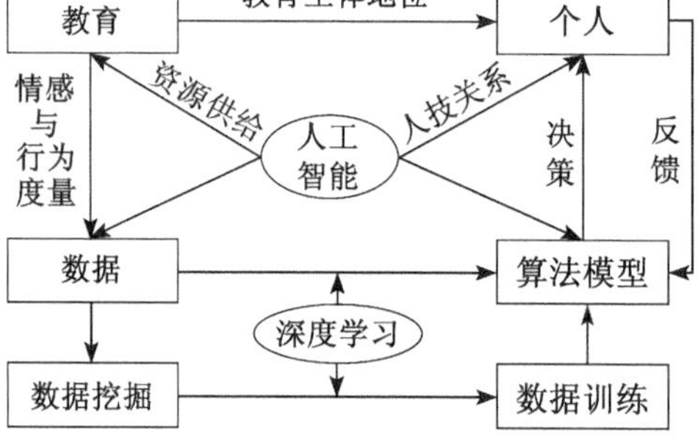

图 8-1　教育人工智能的技术逻辑

具体而言，当前的人工智能技术通过度量现实世界而得到数据，基于智能算法的机器学习可进行数据训练与数据模型构建，并以所构建的模型来进行相关决策；这些决策作用于个人并得到反馈，以此进一步优化算法模型。当个人因算法模型的决策而受到影响时，会进一步影响到现实世界。从教育领域来看，教育人工智能技术逻辑的应用包括以下四个方面。

一、智能算法助力个性化教学的精准实现

人工智能可被定义为一种数学模型、计算程序和执行系统，而算法则是人工智能分析与解决问题的重要基础。目前来看，人工智能从教学手段、教学思路、教学工具等方面助力个性化教学的实现。个性化教学是技术赋能教育背景下教育教学改革的重点方向。随着人工智能广泛应用于教育领域，人工智能可充分整合学生发展相关数据信息，利用智能算法进行分析，对学生的发展情况实现精准预测，并自动生成个性化的学生发展方案，提供个性化学习资源，从而为教师基于学情诊断开展个性化教学提供有效支撑。人工智能算法借助机器学习与数据挖掘过程，能够对学生已有知识经验、学习情况、学习轨迹进行精准捕捉与分析，精确定位不同学习者的学习需求，并根据不同学习者的具体需求定制个性化学习方案，从而有助于精准提升学习者的学习效率。

二、智能度量助力教育主体知能多维延展

人工智能对于学生发展情况的诊断分析和精准预测建立在智能度量的基础之上。在传统教育评价过程中，以纸笔测验为主的评价方式难以全方位、深层次和多角度地对学生的发展情况进行度量，学生的情感能量、身体官能在评价过程中处于被忽视的困境之中。随着智慧校园建设的普及，学校教育场域中的智能技术覆盖率显著提高，通过情感计算、自然语言处理、人脸识别、语音识别等智能技术采集学生发展的多模态数据，精准监测教育主体的教育行为，满足师生的个体需求，从而达成师生个体知能高质量发展的高阶目标。一般而言，知能是指智慧才能，泛指观察、想象、判断、思考等各种能力。人工智能通过对教育场域下人、事、物的状态感知与智能度量，促使教育主体获取教育资源的机会与方式发生重大转变，可通过智能导师、

资源共享、精准帮扶等方式促进教师专业发展，也可为有学习问题或者处于不利状态的学生开辟新的互动方式与空间，帮助教育主体在人工智能工具的帮助下实现知识与能力的训练与发展。

三、数据决策助推教育服务质量有效改进

数据智能对于提供高质量的教育人工智能服务而言至关重要。通过使用数据驱动的决策机制，可以基于教育主体的真实诉求与实际情况，采取教育行动方案，从而有效改善教育服务。人工智能的数据分析与决策功能可以帮助教师减少不必要的、简单的低阶工作任务，减轻教师工作压力，帮助教师把更多的精力放在学生的发展上，从而有效提高教育服务质量。在教育生活中，教师通常需要依靠数据处理来完成部分日常任务，例如考勤、评分和与学生互动等。在人工智能技术的支持下，教师可以使用智能评分工具来监控学生的学习进度，并有针对性地改进其采用的教学方法和评价方案。此外，智能导师和人工智能虚拟个人助理的应用也显著改善了家庭作业辅导和学习计划的流程，减轻了教师的工作负担。

四、机器学习助力数字化教学资源生成与创新

在数字教育领域，机器学习是人工智能教育应用的一个关键要素与环节，其在数字化教育资源的生产和创新中发挥着重要作用。通过机器学习和文本挖掘，人工智能在整合、创作和更新教学内容方面显现出独特的优势。数字课程和数字教材的开发已经成为教育领域内常用的教育资源开发手段，而机器学习的发展则使得智能资源共享和推荐成为推动在线教学资源库建设的有效手段。随着机器学习和大数据技术的不断发展与迭代升级，人工智能在数字学习方案定制、自适应学习和数字教科书创建等领域取得了长足发展。鉴于机器学习在数字教学资源库建设中的重要性，在开发数字化教育资源时必须重视机器学习的自我升级与发展。在智能教育时代，不仅要重视各种在线教学资源的智能整合，还要重视数字化教育资源的个性化定制和创作。

第三节　技术伦理:教育人工智能伦理的本质属性

一、技术伦理

对于技术伦理的探讨可追溯到庄子所推崇的通道之技中蕴含的“道技合一”思想。老子的“道法自然”告诫我们不能以反自然的技术方式改变自然,而要对他人、自己和天地自然保持敬畏。古希腊亚里士多德认为所有的技术、计划和实践都是为了某种善,这一思想也包含了技术方面的伦理问题。18 世纪卢梭开启了对技术进行伦理批判的先河,指出科技作为工具被应用的过程中必然面临着道德伦理问题。马克思在《资本论》中提出了深刻的技术批判,并指出了未来技术伦理的可能。计算机伦理学创始人摩尔根据机器人可能具有的价值与伦理因素,将计算机分为四类:有伦理影响的计算机(ethical-impact agents,即有价值和伦理意图的计算机)、隐形伦理计算机(implicit ethical agents,即内置了隐含的伦理设计的计算机)、显性伦理计算机(explicit ethical agents,即根据形势变化采取合理行动的计算机)和完全伦理计算机(full ethical agents,即和人一样具有意识的计算机)。基于技术伦理的研究梳理,本书将技术伦理界定为:在技术开发、应用等过程中,涉及技术与人、技术与社会之间关系的道理与准则。

二、教育人工智能伦理

随着人工智能教育应用所产生的伦理风险事件层出不穷,教育人工智能的伦理问题逐渐成为教育技术领域亟待关注的重要议题。人工智能伦理是指人工智能开发、应用等方面所应遵循的道理及准则,聚焦于人工智能的道德发展和部署。教育人工智能伦理是教育领域人工智能伦理的具体体现,也可视为人工智能伦理在教育场域的映射,其本质上仍属于技术伦理研究范畴。教育人工智能伦理的研究范畴主要涉及教育主体与具有技术属性的人工智能间的道德关系。因此,对于教育人工智能伦理本质的认识应从人的角度出发,辨明教育人工智能开发与应用过程中的关系与行为。

教育人工智能伦理的原则探讨主要参照人工智能原则,重视问责、隐私、安全等要素。联合国教科文组织发布的《北京共识——人工智能与教育》指出，各国教育人工智能政策的制定应遵循以人为本、跨界协作、公平三个原则。梳理相关研究发现，大多将教育人工智能伦理原则聚焦于问责、公平、透明、自治等。归纳可知，虽有学者尝试从教育伦理与技术伦理整合的角度来理解教育人工智能伦理，但技术伦理仍可看作伦理分析的核心主体，教育人工智能伦理分析很难跳脱教育人工智能的技术逻辑，数据隐私、算法稳定、决策公平等方面依然是诸多教育人工智能伦理研究的焦点向度。已有研究虽高度重视教育人工智能伦理并论及了相关原则，但缺乏进一步的分析与探讨，亟待构建普遍适用的、更能突出教育本质和价值追求的教育人工智能伦理分析向度。教育人工智能伦理原则见表 8-2。

表 8-2　教育人工智能伦理原则

序号	教育人工智能伦理原则	提出者	提出时间
1	以人为本、跨界协作、公平	联合国教科文组织《北京共识——人工智能与教育》	2019 年
2	问责、隐私、平等、透明、不伤害、身份认同、预警、稳定	杜静，等①	2019 年
3	福祉、是非善恶、公平正义、人权和尊严、自由、自治、责任	邓国民，等②	2020 年
4	仁慈、安全、自治、正义、透明	赵磊磊，等③	2020 年
5	以人为本、以德为先、以法为界	冯锐，等④	2020 年

三、教育人工智能的伦理特征

与任何具有变革意义的技术一样，某些人工智能应用程序可能会引发新的道德和法律问题，例如责任、偏见、公平性等。在人工智能的教育应用

① 杜静，黄荣怀，李政璇，等. 智能教育时代下人工智能伦理的内涵与建构原则[J]. 电化教育研究，2019，40(7)：21-29.

② 邓国民，李梅. 教育人工智能伦理问题与伦理原则探讨[J]. 电化教育研究，2020，41(6)：39-45.

③ 赵磊磊，姜蓓佳，李凯. 教育人工智能伦理的困境及治理路径[J]. 当代教育科学，2020(5)：3-7.

④ 冯锐，孙佳晶，孙发勤. 人工智能在教育应用中的伦理风险与理性抉择[J]. 远程教育杂志，2020，38(3)：47-54.

过程中，人类的参与对于任何技术环节而言都是不可或缺的。采集数据、挖掘数据、设计初始算法、集成、部署和调适模型都需要工程师和算法设计人员的专业知识作为支撑。人工智能的发展尚处于“弱人工智能”阶段，作为人类发明物，人工智能无法脱离人的意志与价值而独立运行，这一客观事实产生了一定的伦理风险。当前，教育人工智能伦理主要关注于数据伦理和算法伦理。数据伦理主要涉及数据收集过程中的知情同意程序、数据隐私保护和数据偏见接触等；算法伦理则主要关注如何分析、解释、共享收集到的学生数据以及如何防止或改善可能出现的决策偏见。总的来说，人工智能技术与教育教学领域的融合过程必然是一种技术赋能的过程。对于教育人工智能伦理问题的审视应从技术赋能过程中的限制与障碍分析入手。

与其他技术风险相比，教育人工智能的伦理风险源于人工智能系统对伦理和教育秩序的消极影响。具体而言，在教育领域应用人工智能时，有两个基本限制：其一，人工智能往往缺乏对教育决策做出道德判断的能力。这是因为人工智能系统可能无法完全理解算法设计者的真实教育意图与教育意向，或者缺乏对道德和技术问题的全面考虑，这导致其难以设计出道德化的教育人工智能指令。其二，教育用户在解决真正的伦理难题时往往意见不一、难有共识。人工智能系统执行指令需要的时间极短，所产生的伦理问题具有突发性，若教育用户未能及时响应教育人工智能伦理难题的破解诉求，则最终造成人类对人工智能系统的错误无法进行有效干预。上述两个基本限制只有前者可以通过改善技术或者治理来应对，后者则是人类社会长期面对的困境。

综上，与其他技术带来的风险相比，教育人工智能引发的伦理风险具有独特性：其一，它与师生等人切身利益密切相关，如果将智能算法应用在教学监测、情绪感知、学业评估等关切师生利益的场合，一旦产生歧视，将损害教育公平以及师生关系。其二，引发算法歧视的原因通常难以确定，深度学习是一个典型的“黑箱”算法，连设计者可能都无法知晓算法决策的具体细节，要在教育人工智能应用过程中及时识别有没有存在歧视和歧视根源，困难重重。其三，教育人工智能的发展处于多元利益的博弈过程之中，资本的逐利本性促使技术开发商更容易放任人工智能对教育权益的侵害。例如，一些平台基于对师生用户行为的历史相关数据，易对师生等人产生决策歧视；技术开发商利用人工智能有针对性地向用户投放虚假网站的广告，从中获取巨大利益等。其四,人工智能的教育使用使其一定程度上具备了公共性,教育人工智能伦理设计应致力于教育系统的公共利益。

第四节　教育人工智能伦理的基本向度

明晰教育人工智能伦理的向度是从整体上把握教育人工智能伦理本质的关键,本书认为可从教育人工智能伦理内容的角度,对教育人工智能伦理的基本向度予以拆解。不少学者从伦理挑战或风险的角度对教育人工智能伦理的向度予以阐述。例如,谭九生等认为,教育人工智能存在着伦理关系失调、伦理规范失控、伦理价值失调、伦理行为异化等风险样态①。杜静等认为,教育人工智能在技术滥用、数据泄露、智能教学机器的身份与权力边界等方面存在伦理挑战与困境②。冯锐等认为,教育人工智能伦理风险主要表现在人工智能与教育主体的权利嬗变、算法推荐与学生个性的发展异化、人工情感与人机互动的情感危机、智能感知与教育数据的价值困境等方面③。王嘉毅等认为,教育人工智能存在人的主体性地位实现、学习效果控制、教育与生活的关系、社会竞争和教育公平等多个方面的隐蔽性伦理风险④。归纳来看,以上学术观点主要涉及算法伦理、关系伦理、情感伦理和资源伦理等四个维度。结合前述教育人工智能的技术逻辑,本书认为,从教育人工智能的开发与应用流程来看,智能算法是其基础工具,逻辑关系是其存在载体,人工情感是其关键特色,资源服务是其根本目标。

首先,在人工智能所涉及的伦理问题中,算法伦理居于基础地位,教育人工智能作为人工智能的重要组成,算法伦理向度也居于教育人工智能伦理的基础地位。其次,作为教育共同体内部最为基本的关系,师生关系是具有伦理意义的关系,教育人工智能的介入,让关系伦理向度有了新的内涵。再次,情感是整体性的气氛,是道德准则的最后一道防线。因此,作为教育

① 谭九生,杨建武.人工智能技术的伦理风险及其协同治理[J].中国行政管理,2019(10):44-50.

② 杜静,黄荣怀,李政璇,等.智能教育时代下人工智能伦理的内涵与建构原则[J].电化教育研究,2019,40(7):21-29.

③ 冯锐,孙佳晶,孙发勤.人工智能在教育应用中的伦理风险与理性抉择[J].远程教育杂志,2020,38(3):47-54.

④ 王嘉毅,鲁子箫.规避伦理风险:智能时代教育回归原点的中国智慧[J].教育研究,2020,41(2):47-60.

人工智能的道德准则约束，情感伦理也是教育人工智能伦理向度的重要构成。最后，随着教育人工智能应用的深入，其作为资源的特性愈加明显。例如，有学者论述了互联网教育资源共享中的伦理问题[1]。资源伦理是教育人工智能在更高层面的伦理审视。因此，教育人工智能伦理的基本伦理向度为算法伦理向度、关系伦理向度、情感伦理向度和资源伦理向度。

一、算法伦理向度

在教育人工智能领域，算法是人工智能发挥教育赋能效应的重要基础。人工智能的发展依赖数据驱动的算法。算法是促进人工智能在教育中得以应用的基础，其遵循形式化逻辑规则。作为人工智能与学习科学相结合的产物，教育人工智能从根本上依赖于算法。因此，算法伦理向度是教育人工智能伦理的重要伦理向度，相应的伦理考量包括避免算法偏见、封闭化的算法运行及算法黑箱的伦理风险。

二、关系伦理向度

在人工智能广泛应用于教学过程、自主学习、教育管理的背景下，社会及教育领域对教师的教学主体地位将遭受的负面影响产生了一定的担忧。随着人与教育人工智能之间的界限不断模糊，人工智能和教育的融合催生了新的互动样态，包括人机互动和人与人之间的互动，形塑了新的关系伦理范畴。在教育人工智能的关系伦理向度中，传统的由教师主导的教育主体关系正在被打破。因此，教育人工智能的关系伦理应注意与学生的学习自主性、教师的教学主体地位和教育人工智能自主权相关的问题。

三、情感伦理向度

在学习过程中，学生的具体感知与情感体验是通过互动而逐渐得以发展的。随着当代文明愈发重视理性，人类的情感受到一定的压制和边缘化。人工情感是教育人工智能的重要特征之一。然而，人造的虚拟情感和真实的人类情感之间的差异催生了诸多伦理风险。由于技术功能的限制，教育

---

① DIAKOPOULOS N. Algorithmic accountability: journalistic investigation of computational power structures[J]. Digital journalism, 2015, 3(3): 398-415.

人工智能很难完全模拟人类情感，在情感体验层面的模拟功能还有待改进与完善。教育人工智能伦理在情感伦理向度的内涵应包括学生学习的体验和社会情感学习等方面。

四、资源伦理向度

在教育领域，人工智能的主要价值之一在于对教育过程提供的资源和技术支持。在资源方面，教育人工智能将改变传统的数据收集和处理方法，这可能会影响技术和价值的合理性。从教育人工智能伦理的资源伦理向度层面来看，人工智能在教育中的应用需要预防数据监视风险与数据整合风险，并注意人文价值等方面的问题。

第五节　教育人工智能伦理的风险表征

当教育人工智能的开发及应用违背教育人工智能伦理原则时，便会产生相应的教育人工智能伦理风险。从人工智能与教育融合角度看，教育人工智能伦理风险的成因来自人工智能技术自身、使用者以及制度法规等多方面。基于教育人工智能伦理基本伦理向度的划分，可从以下几个方面对教育人工智能伦理风险的表征形式予以解读：首先，从算法伦理来看，智能算法功能存在技术缺陷，例如算法设计难以覆盖复杂教育情境、算法运算固化不利于学生创新思维培养、算法监管存在黑箱风险等；其次，从关系伦理来看，师生的教育主体地位消解，例如学生丧失学习自主性、教师让渡教学主体地位、教育人工智能在主体功能方面存在越位争议等；再次，从情感伦理来看，数据赋能难以浸润情感体验，例如学习体验单一化、社会情感学习淡化等；最后，从资源伦理来看，资源服务价值遮蔽与蜕化，例如数据服务面临隐私泄露与失真风险、智能化资源服务存在人文价值蜕化现象等。

一、智能算法功能存在技术缺陷

教育人工智能在算法的设计、运算与执行等方面存在一定的技术风险。其一，算法设计难以覆盖复杂教育情境。算法设计一般遵循简化高效原则，为了让教育过程便于量化分析，算法模型必然会去除各种无法处理的复杂因素，从而导致富含人文价值的育人成分难以被精准度量，尤其是教育过程中有很多隐性知识和暗知识无法评价或衡量，更无法嵌入算法中[①]。其二，算法执行的固化制约了学习者创新思维的发展。教育人工智能算法在设计、操作和执行过程中遵循线性思维，创造了技术形式化路径，限制了用户对人、社会和自然的不同理解。例如，虽然智能算法能够提供基于学习分析的个性化资源，但这些资源的持续使用可能会强化灌输式教育以及学生对教育人工智能的依赖，从而阻碍学生探索的主动性。其三，算法监管存在黑箱风险。教育人工智能算法功能的实现过程涉及三个技术阶段：数据输入、数据转换和数据输出。然而，在数据转换阶段，不可预测的"黑箱"给教育用户带来了挑战，其难以对算法的目标、意图和风险进行合理的研判和评估，而如果无法正确评估和监督这些算法，则可能会导致算法支配下的教育决策的偏见。

二、师生的教育主体地位消解

教育的本质是一种培养人的社会活动，而且此种培养过程是一种主体间的交互过程。学生、教师等在享受着教育人工智能所带来的智能成果的同时，也承担着一定的关系伦理风险。其一，学生丧失学习自主性。人工智能具有强大的数据获取和分析能力，能更全面深入地掌握学生的状况，并根据学生的薄弱环节精准推送相应资源。若学生长期坐等教育人工智能定时定量的"投喂"，学生将有可能形成依赖，丧失学习的主动性与好奇心。其二，教师让渡教学主体地位。当前，教师在教学决策、诊断、反馈、评价等方面的部分职能已被教育人工智能取代，教师的知识权威地位不断被消解和重构。教育人工智能的高效与便捷会造成教师对人工智能工具的依赖，从而消解教师对于教学的热情与创造性。其三，教育人工智能在主体功能方面存在越位争议。欧盟委员会将人工智能定义为电子人[②]，赋予其著作权、劳动权等相关权利与义务，并对人类主体地位有一定的削弱作用，这说明作为技术工具的教育人工智能存在越位争议。

---

① 赵磊磊，张黎，代蕊华．智能时代教育数据风险治理：实然困境与实践路径[J]．湖南师范大学教育科学学报，2021，20(6)：94-102．

② 知识产权法怎样跟上人工智能时代[EB/OL]．(2018-10-17)[2022-01-12]．http://ip.people.com.cn/n1/2018/1017/c179663－30346363.html．

三、数据赋能难以浸润情感体验

人类情感互动具有复杂而微妙的动态特性，这使得教育人工智能在理解和整合师生情感体验方面面临着一定的挑战。虽然教育人工智能的数据挖掘、数据分析可以有效测量教育主体的教学行为和学习状态，但并不是所有的教育元素都可以转化为能够精确测量的数字化指标。智能机器无法完全理解与表征教师和学生之间的情感互动，这将引发数据赋能难以浸润情感体验的伦理风险。其一，学习者将获取“单一”学习体验。人工智能的教育应用难以实现默会性知识的传递，其可能会制约学生创造性思维的培养，损害学习者道德、性格和个性的发展。其二，弱化社会情感学习。对数据智能的重视可能削弱教育工作者和学习者之间的情感联结和具身交互。教育人工智能通过量化的方式计算教育主体之间的行为互动，可能会造成对教育过程中人际互动的关系网络与情感交流的忽视。数据智能尚难以对复杂且多维的情感体验进行数据计算，人工智能的情感盲区会在一定程度上束缚学生的社会情感学习过程，进而制约学生的情感意识、情感管理、情感关系、情感责任等社会情感能力要素的深度培育。

四、资源服务价值遮蔽与蜕化

人工智能的教育应用一般涉及两类资源，一是数据资源，二是教学资源。作为技术工具，教育人工智能的技术理性是否契合资源的价值理性尚未可知，这使得教育人工智能存在一定的资源伦理风险。其一，数据服务面临隐私泄露与失真风险。数据的意外泄露会给师生的数据安全造成隐患，数据产权的相对模糊会让师生无意识出让的数据被过分暴露，低质量的数据则有可能带来负面影响，数据的偏向性采集、简单化采集会造成数据失真。另外，也可能会存在数据滥用而被用来牟利的现象。其二，智能化资源服务存在人文价值蜕化现象。传统意义上的教育是一个帮助人们去蔽的过程，即人们在寻求客观真理与普遍精神的同时受到启蒙。智能资源推送专注于从学生行为数据那里获得所谓的“事实”并设计可数字化、可逻辑表达的“规则”，忽视了“生命完整性”的人文关怀，智能化的数据处理与资源供给易使育人过程简单化、机械化、线性化。在此情况下，育人活动失去了生命的完整性，学生可能会厌于思考、惰性膨胀而面临人文思维退化的风险，从而忽略和遮蔽了育人的价值和意义。

五、用户信息及通信隐私权侵犯

智能化的教育教学为师生发展创造机遇的同时,也产生了一系列不可抹去的个人行为数据。如果此类数据能被妥善保护且使用得当,则能够为精准教育决策及服务供给提供重要支持。但若此类数据被非法使用,则会引发隐私侵犯甚至是违法事件。为了防止非法获取个人信息,包括身份信息、行为数据、通信资料和个人数据,对隐私权的访问应当设定限制。应确保用户能够有效掌握以及控制个人数据,并避免未经授权的数据访问。在人工智能的教育应用方面,隐私权侵犯一般涉及两种:其一,信息隐私侵犯,一般是指个人隐私资料被恶意泄露、不正当使用等;其二,通信隐私侵犯,一般是指与科技相关的行为隐私侵犯,例如电子邮件的恶意推送、非法电子监控等。在人工智能教育应用过程中,数据泄露所导致的网络诈骗、技术垄断、恶意推送等现象已颇为常见。在教育人工智能发展过程中,隐私侵犯已成为不容忽视的伦理问题,个人的任何相关资料中哪些是可以提供给外界知道的?哪些是自己可以保有且不会强迫公开让其他人知道的?被保存于数据库中的个人信息应保持何种程度的安全性?等等,均是隐私防护关注的重点。

六、商业利益与教育公共利益的冲突

在教育人工智能的发展中,利益冲突风险主要由私营开发商、开发人员、用户和受影响方的基本目标并不完全一致所产生。开发人员常常在一个不断迫使他们削减成本、增加利润和提供更高质量的系统的环境中工作,并面临管理层的压力,以牺牲用户利益为代价做出有利于公司的决策。在人工智能的教育应用过程中,利益风险已成为影响商业利益与教育公共利益关系处理的重要挑战。不少人工智能开发者缺乏致力于教育公共服务的责任意识。而且,对于私营开发商来说,商业利益至上的理念根深蒂固。虽然众多人工智能技术可为教育发展带来便利,但是,若人工智能私营开发商、学校管理团队在人工智能的教育应用方面达成利益共识,并秉承商业利益至上的原则,则会对教育用户的自主权、个人发展产生负面影响。教育用户可能在利益风险中沦为智能技术的过度依赖者,并且自身利益难以得到长期的有效保障。

七、用户对技术过度依赖致使独立性衰退

智能技术、大数据分析、5G等技术的融合，能够动态捕捉教育用户的个人风格、行为、需求和偏好，从而重塑人与技术的关系。然而，这可能以牺牲教育过程中的人际关系为代价，并可能导致智能技术主导部分教育活动、教育场景现象的出现。由此可见，教育人工智能的过度使用可能会导致教育主体对技术的过度依赖，并引发人们对人工智能和人类智能之间平衡关系的担忧。一方面，人工智能系统可对资源进行精准过滤与个性化推送，但同时也在一定程度上导致学生所获取的教学资源存在高度同质化的现象。极度相似的资源观点在无形间阻断了异质思想及观念的传输，学生逐渐形成资源依赖，不愿跳脱僵化思维，进而影响了学生视野的开阔及创新发展。另一方面，基于大数据的人工智能系统可不断从教育系统吸取数据，促使教育用户数据画像的生成得以实现，并可不断改善教育决策质量。当人工智能的决策及服务水平达到较高水准，一些自主性、独立性较差的教师以及管理者为节省自身时间及工作成本，有可能会过度依赖人工智能进行决策及服务，丧失部分自身对于教育教学的独特理解及思考。

第六节　教育人工智能伦理风险的消解路径

厘清相关伦理困境的治理路径有利于教育更合理地利用人工智能，实现公平和道德的教育决策。对于教育人工智能伦理风险的审思，决定了未来教育人工智能发展的走向，也直接关系到人类社会自身发展的前途命运。建立教育与人工智能交往的秩序，由技术控制走向人机共生，实现教育人工智能的可持续发展是教育人工智能伦理研究的最终目的。基于教育人工智能风险的分析，本书认为，教育人工智能伦理风险消解应针对算法、关系、情感、资源等方面的风险予以突破。为此，本节提出以下教育人工智能伦理消解路径，以便引导教育人工智能真正成为助推教育发展的有利因素。

一、构建智能算法风险全过程监管体系

智能算法是支撑教育人工智能发展的核心，算法的偏好会进一步演化

为现实世界的“歧视”。对于人工智能算法风险的监管与消解是保障智能算法与模型有序运行的关键。构建智能算法风险全过程监管体系需从法律规制、风险评估、安全保障等层面入手。在法律规制层面，算法的结果看似是自动化的，但实质上遵循着一套人工编译的运算法则，尤其是回报函数的设计和运算，集中凸显了编译者的意识形态和价值观念。因此，应当加强法律规制，将法的价值融入算法程序，将算法权力视为智能社会的组成部分。在风险评估层面，应在智能算法设计与运行的过程中加入对于风险评估的考量，做到事前防范、事中应答。事前防范，即通过强化算法风险的伦理审查以加强算法安全设计；事中应答是在算法运行的过程中配套对于风险安全的处理应急机制，进一步巩固智能算法的安全性。在安全保障层面，应致力于构建基于区块链技术建立的算法安全保障体系。区块链已广泛应用于信任背书、信息加密、智能合约等诸多领域，并且在教育领域也显示出巨大的潜力。区块链技术的去中心化特性有助于打破信息壁垒并解决信息不对称问题，实现算法设计者、算法监管者等人的信息共享互通。相关部门应有效运用区块链技术，重建教育人工智能算法安全保障机制，以便降低算法设计与运算风险。

二、加强对智能教育主体偏位的风险调控

当教育人工智能越来越多地取代教师职业角色，便形成了对于教育中教与学主体的地位挑战，其在一定程度会损害教育的育人本质，对人技关系产生不可逆转的消极影响。因此，应当不断加强对于智能教育主体偏位风险的调控。其一，明晰人工智能场域下教育主体偏位风险的伦理边界。边界问题是伦理学研究不可忽视的整体性问题，亟须实现对于教育人工智能伦理边界的确定，避免人类教育主体“失语”和边缘化情况的产生。政府需要出台相关法律或制度为智能教育主体职责与权利确定伦理地位，明晰智能教育主体的伦理归属，规范教育人工智能开发及应用的风险责任；学校则需进一步加强对教师的培训，强化教师在“人工智能＋教育”场域中的主体责任意识，构筑教育人工智能伦理风险防火墙。其二，构建智能教育主体偏位与错位风险监测体系。为了有效解决教育人工智能利益相关者之间存在的偏位风险，应成立相关风险审查机构。具体而言，风险审查机构不仅应关注教育人工智能产品的法律主体问题，还应确定和澄清人工智能教育应用

过程中道德利益相关者的主体性诉求与权力要求。教育主体和教育人工智能之间应以公平合理的方式分配责任，并建立有效的问责程序。

三、塑造情感交融与人文关怀的文化愿景

情感关怀是教育生命力浸润的体现，面对教育人工智能情感关怀的缺失，应当在学校内部共享情感交融与人文关怀的文化愿景。具体而言，其一，在“人工智能＋教育”的场域下回归关于育人本质的探讨。智能教育的蓬勃发展使教育理论与实践者的目光大多聚焦于技术本身的应用、改进、优化与创新，逐渐忽略了对于育人本质的探讨。未来的智能教育必将逐渐回归教育的人文价值，从而打破数据至上的教育误区，以此实现人与机器有序共处。教育必须在文化的意义上寻求人之为人的本质属性、人存在于世的合理性以及人们各种行为的合法性。要更加关注人性、人的尊严、人格，体现学生生命的在场性，彰显人的主体性价值。其二，以技术的力量促进情感共融。具体而言，可借力多模态情感识别技术促进师生情感交互。将人脸表情识别技术、语音情感识别技术和自然语言处理技术相融合，综合不同模态的情感信息来提高情感识别的准确度，促进教师的情感表达和情感决策。教师要适时对学生进行情感干预，使师生间的情感互动引发学生的情感共鸣。其三，构建面向具身的教育文化。为了破除教育人工智能下学生认知层面的身心二元对立，教师要构建具身的学习环境，注重学生的实践、参与和主动感知。在具身的教育文化的指引下，使学生在大脑、身体、环境有机统一的过程中实现知识建构。

四、构建智能资源应用的校本化风险防范体系

人工智能与教育融合的贡献之一是加强了教育资源的短时集聚与整合。然而，智能资源的共享、整合等功能不一定绝对符合教学要求以及学生的多元化学习需求，而且，对于资源的甄别与筛选易陷入工具理性的陷阱，因此，应构建智能资源应用的校本化风险防范体系。其一，应搭建校本化资源伦理风险审查机制。应明确校本化数字资源伦理风险可能存在的主要形式（例如资源依赖、学习自主性丧失、资源同质化等），然后基于学校自身的数字资源建设需求，在资源引入的各个环节设置动态监督与问责机制，尽可能地规避资源引入中的伦理风险。其二，应加强对于资源伦理风险的监管

与问责机制。应提高地方教育行政部门、学校等在资源应用中的全过程预测、预警、预防数字资源智能化共享风险的能力，可对资源伦理风险进行实时监控与有效预测，建立基于数字资源智能化共享的决策流程、监督机制、漏洞治理全流程监督处罚机制。其三，加强教师对于智能资源推荐系统的全过程监督。近年来，智能学习资源的使用越来越受欢迎，许多学生通过这些资源来增强自身的学习体验。虽然智能学习资源提供了丰富的知识和灵活性的学习体验，但也可能导致学生过度依赖人工智能推荐的内容，从而偏离自身的学习目标。因此，教师有必要在选择和使用人工智能提供的学习资源时进行干预并提供指导，尤其应筛选和验证人工智能推荐的教育内容，并设计符合学生发展的教育资源。

五、完善教育人工智能的隐私防护体系

人工智能的应用以算法与数据为基础，其具有的自适应、智能识别、自主决策等特性可深度追踪用户隐私数据及信息，若此种追踪超越限度，则易引发隐私安全危机。因此，为有效保护教师、学生等用户的隐私，应注重完善教育人工智能的隐私防护体系。首先，将教育用户隐私保护原则嵌入教育人工智能产品开发框架。人的隐私一旦被侵害便很难通过事后手段来弥补，因此，学校应预先与人工智能开发商组建技术委员会，将隐私保护需求、内容及要求详细告知人工智能开发商。人工智能开发商在与学校沟通后，应在设计、开发教育人工智能产品的各个环节切实嵌入隐私保护的原则及算法。其次，应构建教育人工智能实践的隐私安全预警机制。具有识别性的隐私安全预警机制有助于师生、教育管理者等人及时识别教育人工智能的隐私问题及风险。学校应与人工智能开发商达成用于智能技术消费者的隐私安全协议，也可尝试设立负责数据、信息、通信等方面隐私风险监测的管理专员制度，对管理专员的数据保护意识、隐私安全知识、法律素养等方面进行培训，确保其能够在职责范围内及时帮助师生发现及处理数据泄露、恶意邮件、信息诈骗等隐私安全问题。

六、合理调节教育人工智能的利益冲突

商业利益与教育公共利益的冲突是教育人工智能伦理的现实困境之一。商业利益驱使相关技术开发商极力拓展教育人工智能产业及市场、快

速普及技术应用，但这不应以损害教育公共利益为代价。首先，应完善有关人工智能在学校应用的审批及督查程序。政府及学校应严格审批人工智能在学校各个环节中的应用是否具有清晰的技术说明书及师生行动指南，并在教育督查过程中对人工智能赋能学校教育的利益取向、风险等予以严格调控。应避免教育人工智能的发展过于追逐商业化操作、产业化运营及私人经济利益，确保人工智能在学校教育中的应用具有足够的透明度，确保人工智能可助力师生教育创造性及可能性的拓展。其次，应制定教育人工智能的职业规范，明确教育人工智能利益相关者的责任、权利与义务。应避免人工智能学校应用的过度产业化，避免盲目将教育公共服务外包、过于追求智能化监测及考评等运作方式，否则学校有可能被卷入公司化的商业运营体系，损害师生利益。因此，教育人工智能职业规范应纳入师生等教育用户的教育人工智能利益需求，并为教育用户权益的公平化满足及合法维护提供手段支持。

七、注重师生智能教育素养的培育

师生是教育人工智能的主要消费者，注重师生智能教育素养的培育，有利于师生对于人工智能教育应用保持自觉与自省意识，可在一定程度上避免出现用户过度技术依赖及独立性衰退的伦理困境。首先，需注重师生智能教育鉴别力的培育。尽管人工智能为优质教育资源的集聚、筛选、推送提供诸多便利，也为高效教育决策及管理的实现提供了更多可能性，但师生不应过于沉浸于高度同质的教育资源和纯粹的技术化决策与管理之中。师生应鉴别人工智能所推送的教育资源是否符合自己的资源期待及需求，探究人工智能支撑下的教育决策与管理还存在哪些不足或改进之处，以便促进师生成为智能教育资源、决策及管理的鉴定者及把关者，从而避免师生过度依赖智能技术、丧失技术判断力。其次，应关注师生智能教育调整力的培育。为了减轻教育人工智能的潜在伦理风险，学校应鼓励教育主体及时提供技术风险反馈，并动态调整教育安排和技术应用方案。学校有责任关注教育人工智能的安全、隐私和舒适问题。学校可以通过技术指导和专业指导等手段，精确分析学生和教师的数据被泄露或滥用的风险，发展学生和教师技术应用的独立和自主意识，从而解决教育人工智能伦理问题。应鼓励教育主体对教育人工智能进行批判性分析和独立思考，以便更好地识别和应对在教育领域使用人工智能带来的伦理风险。

第七节 小　结

事实上，语音识别、人脸识别、智能传感等智能技术已对社会变革产生巨大的推动作用，促进社会变革逐渐迈向智能时代，人工智能正在迅速成为人们日常生活中不可分割的一部分。与此同时，人工智能也悄然走进了教室，智能、自适应、个性化等学习系统正越来越多地部署在世界各地的学校中。亚马逊、谷歌和脸书（Facebook）等也正在投资数百万美元开发教育人工智能产品。然而，此类教育人工智能的研究、开发和部署往往忽视伦理规范，很少有政府机构或专业组织颁布条例来解决教育人工智能伦理问题，教育人工智能伦理研究往往停留在原则构建或理论构想层面。本章致力于探索教育人工智能伦理的基本向度与风险消解路径，回应当前教育人工智能发展过程中的核心议题。对于教育人工伦理而言，明晰教育人工智能的伦理价值与现实困境，有利于在智能技术快速变革的背景下，拨开技术迷雾并回归教育本质。作为教育人工智能实践的主阵地，学校亟须在教育人工智能引入、审查、改进等方面遵循相应的伦理原则，秉承技术治理理念，真正通过教育人工智能来促进学习，实现科技向善、人机协同。对于未来的教育人工智能伦理研究领域而言，如何预警与化解相应的伦理风险，确保教育安全极具价值，有关教育人工智能伦理风险及其治理问题亟待进一步的研究和关注。

当前，教育人工智能伦理研究已成为人工智能教育应用过程中不可忽视的关键议题。教育人工智能的发展着实面临一定程度的伦理风险。仅仅依靠技术修复的人工智能伦理治理在很多情况下都是失败的，需要尽快探求人工智能伦理的治理框架。本书通过对教育人工智能伦理的内涵、困境及其治理路径予以分析，有利于为人工智能伦理问题破解提供学理借鉴。为了将伦理学融入教育人工智能，伦理学视角的分析与审视尤为重要，道义伦理、美德伦理等伦理学视角与当今人工智能研究者所熟悉的决策论思维框架密切相关。未来多种视角的教育人工智能伦理研究将有可能为抽象伦理价值和教育人工智能之间建立有形的桥梁，可以帮助教育人工智能研究人员在不断变化的教育条件下进行伦理讨论，并指导其将伦理纳入人工智能，实现对教育人工智能形态及现象较为全面的伦理描述。对于未来教育人工智能伦理研究而言，其不仅应关注约束个体伦理行为的规范性原则及制度体系，而且也应关注如何提升教育人工智能利益相关者的伦理素养，这将有利于教育人工智能伦理困境的有效破解。

第九章

责任伦理:教育人工智能风险治理诉求

人工智能技术的发展为教育的智能化转型提供了新的契机,在人工智能的辅助下,教育资源、教育管理、教育教学的效率与质量能够显著提升。从教育领域人工智能的应用实践来看,人工智能赋能教育教学的过程之中是否可能做到尽善尽美?人工智能自身的技术两面性究竟会对教育教学产生何种影响?面对相关棘手难题,如何负责任地应对教育人工智能风险成为教育人工智能合规化、合法化发展的关键抓手①。

① 陈全真.智能机器人权利存在的由因及对策[J].贵州师范大学学报(社会科学版),2019(3):144-151.

第一节 教育人工智能风险治理的历史进路

本章以技术责任伦理为视角，从教育人工智能风险治理呼唤责任伦理、教育人工智能风险治理的责任伦理框架、教育人工智能风险治理的责任伦理困境与责任伦理视域下教育人工智能风险治理路径四个方面探求教育人工智能风险治理的时代诉求。研究思路见图 9-1。

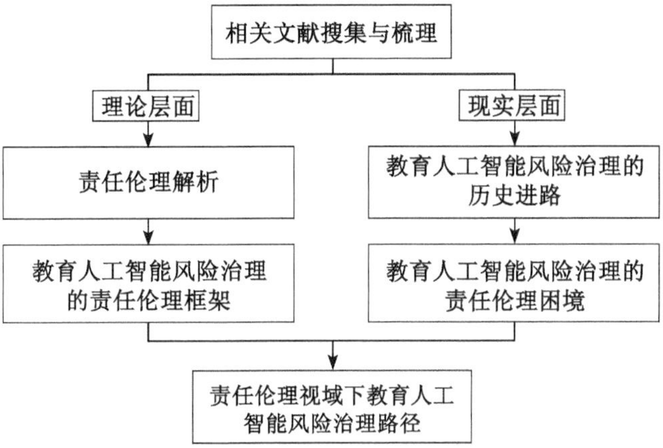

图 9-1 研究思路

20 世纪 50 年代，达特茅斯会议首次提出“人工智能”概念后，人工智能的相关研究方兴未艾，深度学习等概念成为当时的研究热潮。经过十几年的发展，20 世纪 70 年代人工智能正式进入教育领域，随后发展为智能导师系统。此系统为教育建立了全新的教学模型、学生模型与指导环境，但由于当时计算机的使用成本高、性能差，阻碍了智能导师系统的推广，导致教育领域的人工智能应用遭遇重大挫折与障碍。2002 年美国通过《教育科学改革法》，助推人工智能技术在高等教育领域再次发力，人工智能、智能导师等再次涌入教育领域，其他国家纷纷加大了对教育信息化的建设与推进力度，促进教务管理系统、教学数据资源库等实现智慧升级。此阶段的教育人工智能发展尚处于萌芽期，教育人工智能的算法与算力功能并不成熟，公众与社会缺乏对于教育人工智能的清晰认知，也缺少关注教育人工智能存在的现实风险。

自2015年以来，人工智能在国外教育领域的应用逐渐增多。自2017年起，我国关于教育人工智能主题的研究逐渐兴起。我国高度重视人工智能在各个领域的应用，国务院于2017年7月印发《新一代人工智能发展规划》，部署人工智能背景下创新型国家和世界科技强国的建设。基于此，众多学者研究如何借助人工智能技术实现教育智能转型，助力人才培养革新。例如，有学者研究教育人工智能对学习机制的影响，分析教育人工智能学习机制，试图探索新型人才培养机制；有学者探讨将学生的创新思维、创业意识和创造能力等作为人工智能时代"新工科"人才培养的标准和尺度。同时也有少数学者聚焦教育人工智能发展面临的困境与未来途径，尝试对教育人工智能风险治理的概念与边界进行学理探讨。

国家新一代人工智能治理专业委员会于2019年发布《新一代人工智能治理原则——发展负责任的人工智能》，以期协调人工智能发展与治理的关系，确保人工智能安全可控。自此，发展"负责任"的人工智能成为当今教育人工智能风险治理的核心议题。教育人工智能的伦理风险类型与治理途径文献梳理见表9-1。

表9-1　教育人工智能的伦理风险类型与治理途径文献梳理

风险类型	提出者	治理途径	提出时间
数据风险	冯锐，等①	落实以人为本的价值导向、以德为先的道义担当、以法为界的伦理规约	2020年
	LUCCIONI A，等②	在公平公正的信息空间中转换原始数据，通过改变机器训练过程或智能模型的结构来解决数据风险；基于欧盟数据保护条例，架设更完整的法律框架防范人工智能的恶意使用	2020年
	赵磊磊，等③	构建人工智能算法伦理风险全过程监管体系；加强对智能教育主体动摇的风险调控；构建智能资源应用的校本化风险防范体系	2021年

① 冯锐，孙佳晶，孙发勤.人工智能在教育应用中的伦理风险与理性抉择[J].远程教育杂志，2020，38(3)：47-54.

② LUCCIONI A，BENGIO Y. On the morality of artificial intelligence[J]. IEEE technology and society magazine，2020，39(1)：16-25.

③ 赵磊磊，张黎，代蕊华.教育人工智能伦理：基本向度与风险消解[J].现代远距离教育，2021(5)：73-80.

表 9-1（续）

风险类型	提出者	治理途径	提出时间
算法风险	谭维智①	保持教师在人工智能教育应用中的主导地位；以教育学的方式应用和管理人工智能算法；保持算法和计算模型的透明化和可解释性；建立算法教育应用风险评估和风险管理机制	2019 年
	VAN DE POEL I②	修正自动化生成的“历史编码”机制，通过技术努力检测、消除人工智能算法偏见；各行业组织制定相关条例，规范自动化系统的应用与生产	2020 年
情感风险	BORENSTEIN J，等③	研发团队应具备专业心态，教育人工智能开发人员应在构建智能技术的过程中体现道德维度；政策支持道德教育学的发展，以尝试重塑人工智能课程，实现学生的情感诉求	2021 年
	沈苑，等④	提升研发团队的教育理解与多元眼光；让师生成为智能教育产品的合作创造者；加强偏见检测和道德评估过程；建立可解释、可审查、可纠正的优化机制；开展面向师生的人工智能素养教育	2021 年

教育人工智能风险的研究主要集中于数据风险、算法风险、情感风险等类型，针对不同风险类型的治理路径也有所不同。多数学者对于风险治理路径的研究以道德与法律层面的伦理向度为主，例如规范教育人工智能的道德行为，建立伦理风险评估和监管机制，以实现教育人工智能风险治理。然而，相关治理路径的探索并未着重体现责任意识与取向。作为衔接道德与法律的关键载体，责任伦理应是教育人工智能风险治理的关键视角，教育人工智能风险治理不可忽视责任伦理的理论价值与实践意义。

① 谭维智.人工智能教育应用的算法风险[J].开放教育研究，2019，25(6)：20-30.

② VAN DE POEL I. Embedding values in artificial intelligence (AI) systems [J]. Minds and machines，2020，30(3)：385-409.

③ BORENSTEIN J，HOWARD A. Emerging challenges in AI and the need for AI ethics education[J]. AI and ethics，2021(1)：61-65.

④ 沈苑，汪琼.人工智能教育应用的偏见风险分析与治理[J].电化教育研究，2021，42(8)：12-18.

第二节 责任伦理:教育人工智能风险治理的新视角

在技术时代背景下,传统伦理学与技术的碰撞时常发生,有关责任存在的论断引发学界关注,责任伦理为技术时代的人们提供了新的价值尺度,而在教育人工智能风险治理方面,责任伦理是一个新的伦理向度。从本体论视角来看,责任是指一种关系,包括七个要素:谁(主体)对什么(行为或产品)负责,关于什么(后果),因为什么(价值观),鉴于什么(内部或外部权威),何时(实现责任的时间)以何种方式(主动或被动)负责。换言之,将要采取行动的主体应事先考虑行动的后果,根据适用的价值评估后果,在理想状态下,预先采取行动引导积极后果的发生①。在教育领域,情感计算和生物感知等人工智能技术的应用存在较多不确定性和风险性,对教育数据隐私泄露、算法歧视等风险的治理已经被政府以及诸多社会机构、教育组织所关注。然而,由于风险治理的权利和义务的不明确以及风险治理行动方向的不明晰,教育行政部门和学校管理者等诸多承担风险治理责任的组织和个人在应对教育人工智能伦理风险上面临着巨大挑战。为了给教育人工智能伦理风险的治理树立明确的方向,责任伦理应当成为教育人工智能风险治理不可或缺的新视角,必须从责任伦理视角重新审视风险治理主体、风险治理客体和风险治理工具之间的责任关系。

一、责任伦理解析

责任伦理不同于传统伦理学,是以人的角度谈论介于道德与法律间的规范。20 世纪下半叶以来,欧美诸国对于责任伦理的理解逐步深入,相关研究人员取得了一些研究成果,例如范伯格的研究阐释了责任理论的内涵与其理论体系的构建②;肯尼迪的研究定义了学术研究中的责任,责任伦理贯穿学术研究的提出问题、做出假设、研究问题、得出结论的全过程③;库伯的

① ROPOHL G. Mixed prospects of engineering ethics[J]. European journal of engineering education,2002,27(2):149-155.

② FEINBERG J. Doing & deserving:essays in the theory of responsibility[M]. Princeton,N.J.:Princeton University Press,1970.

③ KENNEDY D. Academic duty[M]. Cambridge,Mass.:Harvard University Press,1997.

研究将责任伦理与行政管理相结合，提出了行政伦理学发展的新要求①；奥哈根等的研究阐明了技术中的经济、道德问题通常和责任相关，并指明责任伦理在技术发展背景下的实践途径②。

综观相关论著，责任成为伦理学的核心范畴。由此可见，责任既可以是一种内心的道德诉求，又可以是通过强硬手段进行追溯的刚性法律责任。责任是沟通道德和法律的媒介，也是现代社会应有的基本规范。责任伦理呼吁人从责任的角度关注社会的方方面面，关注技术发展给社会带来的影响，审视人工智能给教育发展注入的潜力，思考教育人工智能治理主体应当承担何种责任。以责任伦理为理论视角，教育人工智能风险治理应重视行为的性质、责任与主客体等要素间的关系以及主体承担的责任。责任伦理视角下教育人工智能风险治理研究极为匮乏，教育人工智能风险治理所蕴含的责任伦理向度尚待进一步探究。

二、教育人工智能风险治理呼唤责任伦理介入

从本质上说，伦理行为是一种责任行为，伦理风险也是一种责任风险。教育人工智能风险治理离不开伦理的浸润，也离不开责任的归属与承担。责任是进行人工智能治理的核心要义，既是一种外在的规范制度，也是一种内在的道德诉求。教育人工智能风险治理应当在道德与制度伦理向度的基础上，关注责任伦理的独特性与包容性，使其与风险治理的路径相契合。当前教育人工智能发展仍面临诸如算法中带来的偏见、信息安全的泄露等问题。已有实验表明，人们不用开口说话，人工智能系统就能将人们大脑活动转化成文本内容。这一研究结果涉及道德与伦理问题，人工智能依据脑电波勘测独立完成文本输出与智能决策，一旦出现使用事故，法律层面将难以进行判决，只能出于伦理角度对于人工智能的责任行为进行探讨。

由此可见，教育人工智能的风险治理已成为当今人工智能应用亟待解决的问题，智能风险的治理着眼于道德与法律向度的研究较多。如何消解人工智能主体的伦理、如何化解数据隐私的泄露等问题的处理均较为忽视

---

① COOPER T L. An ethic of citizenship for public administration[M]. Englewood Cliffs, N. J.: Prentice Hall, 1991.

② AUHAGEN A E, BIERHOFF H W. Responsibility: the many faces of a social phenomenon[M]. New York: Routledge Press, 2002.

风险治理主体间的责任归属与行为范畴。从研究范畴来看，教育人工智能风险治理涉及教育领域人工智能设计、开发、应用等方面风险的治理，其最终目标是通过治理主体间的联动与协调，促进人工智能在教育教学领域的合规化使用，消除人工智能对于学校教育发展的负面影响与损害。对于教育人工智能风险治理而言，政府是风险治理的引导者与监管者，学校是风险治理的主要实践者，社会、家庭等多个主体是风险治理的重要协助者。由此来看，治理主体间的联动与协调必然涉及职责、权利、义务等的划分与平衡。当涉及多个治理主体间的利益关系交互时，则必然涉及治理主体间的责权划分问题，教育人工智能风险治理不可忽视教育人工智能的责任伦理需求。

人工智能与教育教学的融合与互动，为教育人工智能伦理研究塑造了动态的技术环境。教育人工智能的实践环节充斥着责任主体、责任客体等不同的组成部分，这些部分构成了相互联系的责任关系，对人工智能引发的道德连锁效应共同负有伦理责任。由此可见，人工智能与大数据技术的发展促使教育形态逐步实现从数字教育到智能教育的现代化转型，此种转型不仅意味着机遇，而且意味着新的挑战与风险的产生，有关教育人工智能风险治理的责任归属成为一项极具变化性的伦理议题，责任伦理为教育人工智能风险治理研究提供了一条新思路。在人工智能时代，技术的存在具有智慧属性或类人属性，有关人工智能是否应该具有主体存在特性的论断也逐渐兴起，当人工智能具有主体价值时，其与师生等教育主体间的责任归属与关系可能存在较多风险冲突与伦理困境。从责任视角分析具体伦理困境，针对主体情感缺失、信息安全、教育公平等伦理问题进行重新审视，将是有效推进教育人工智能风险治理的必由之路。

第三节　教育人工智能风险治理的责任伦理框架

关于伦理和技术的讨论可以追溯到现代计算技术的早期。随着人工智能的大力推进与应用，对于伦理的关注也越来越多。康德认为责任与自由具有相关性，责任具有“关护性”的特点；鲍曼提出后现代伦理，并提出责任应当从经验、认知、情境角度探查；我国学者将责任伦理分为个体责任、组织责任、契约责任、职业责任与未来责任等五个维度。归纳来看，相关学者基于不同时代背景与对责任的不同见解，提出了责任伦理不同的分类方式，关护责任、契约责任、未来责任属于责任伦理研究范畴的核心要素。综上，本节基于学者对责任伦理分类的见解，结合责任主体与责任客体的权责划分以及责任行为的规范，分别从角色责任、契约责任、前瞻责任、关护责任等四个维度，提出教育人工智能风险治理的责任伦理框架（见图 9-2）。其中，角色责任是契约责任、前瞻责任及关护责任形成的基本条件，以角色建构为起点，不同责任主体之间达成行动契约，在契约责任形成的基础上，责任主体应该对教育人工智能风险如何治理进行顶层设计并形成前瞻责任。在明确风险治理前瞻性目标的基础上，不同责任主体应该对风险治理利益相关者予以情感关护，履行特定场域或情境下的关护责任。

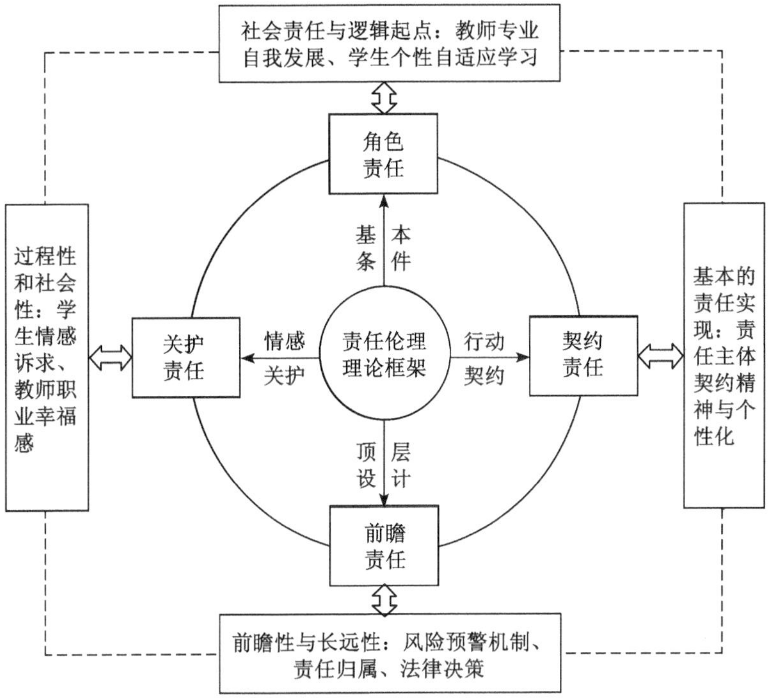

图 9-2 教育人工智能风险治理的责任伦理框架

一、角色责任

角色是责任伦理的逻辑起点，个体和集体都在社会中以“角色”形式出现。社会赋予个体角色，也就赋予了其社会责任。角色作为一种标识，为行为个体戴上了社会面具。责任起于角色，例如，存在母亲的角色，所以母亲要承担关爱照顾孩子之责；存在医生的角色，医生才要承担救死扶伤、敬佑生命之责。角色与责任相互依存，角色是责任的前提。社会主体只有在行动之后才扮演相应的角色，承担相应的责任。面对教育人工智能的风险治理，不同的行为主体扮演着不同的角色，承担着不同的责任。例如，学生作为教育人工智能数据的提供者，需要承担正确使用智能技术、保护个人信息安全的责任；教师作为教育人工智能的教学使用者，其责任为保障教育技术在教学中的正常运行；教育管理者作为教育人工智能监管者与数据管理者，需要承担维护公共信息安全、国家信息安全的责任。归纳而言，教育人工智能风险治理需基于不同教育主体行为，针对其角色进行风险控制。

二、契约责任

在现代社会，契约已成为确保问责制的有效实施和在各方之间建立信任的一项基本要求。通常而言，契约被认为是通过既定的法律框架、口头承诺、书面文件和普遍接受的准则而达成的具有法律约束力的行动方式协议。法律是对行为后果的裁决与审判，却无法判断无能力的人是否能不承担责任，而契约包容法律难以触及的约定，将行为后果产生一定影响的行为主体纳入责任的范畴。契约负载着责任，契约责任的实现应是最基本的、最现实的、最重要的责任实现。我国现实契约责任的存在包括多种类型，例如以宪法为基础的公民责任、以生命为纽带的自身责任等，而本章探讨的教育人工智能风险治理中涉及的主要是以价值理性为约束的科技责任①。作为引领工业4.0时代发展的核心技术支撑，人工智能既是促进智能教育蓬勃发展的通信技术工具②，又是产生数据画像、威胁使用者信息安全的利刃。科技契约责任是规范科技风险技术的规约与范式，也是维系社会良性运转的重要支柱，其有利于实现以人为本的智能教育服务。

---

① 程东峰.责任伦理导论[M].北京：人民出版社，2010.

② 顾小清，杜华，彭红超，等.智慧教育的理论框架、实践路径、发展脉络及未来图景[J].华东师范大学学报(教育科学版)，2021，39(8)：20-32.

三、前瞻责任

随着技术时代的发展，由于行为主体即人类自身能力具备了技术的改变，传统伦理学仅关注人类当下的行为，而不考虑行为后果的长久性，主体-对象的对应关系受到挑战，而责任伦理就体现了前瞻性与长远性①。前瞻责任要求人要对其行为导致的未来负责，不仅对人类自身负责，更是对自然负责。人类拥有责任意识，意味着人类在发展中应当承担责任和履行义务。人工智能发展日新月异，然而，教育人工智能风险的回应与处理速度却相对较慢，其主要原因在于教师往往缺乏足够扎实的智能教育综合素养，也很难有效预测教育人工智能应用过程中究竟有可能产生哪些实践难题与可能性危害。对于教育人工智能发展而言，快速应对智能技术与教育教学整合的风险与可能性后果至关重要，其决定了教育教学领域能否最大化发挥人工智能的技术优势。在教育人工智能风险治理的过程中，需根据情感计算、生物感知等人工智能技术的核心特点，思考与审查相关智能技术与学校管理、课程教学、教育评价等诸多方面是否具有特征契合性，并非所有的智能技术均可应用于教育教学的若干环节。政府、学校等相关责任主体应适时出台一些相应措施去引导师生责任意识重构，应试图用顶层设计引导教育人工智能的发展，及时洞悉教育人工智能发展的当前问题与未来取向。教育人工智能风险治理不应忽视前瞻性责任伦理向度的引导与建设，应当肩负起智能教育顶层设计与风险规避的预先性责任，以引导责任目标的积极实现。

四、关护责任

关护责任多指主体对其他人与生俱来的责任，例如父母对子女的责任。在智能时代，关护责任不仅指局限于父母自然而生的责任，而且指在集体中以不同责任主体的身份相互关护，关注情感诉求。教育人工智能作为教育活动的新型存在方式，具有过程性和社会性。人工智能运行全过程主要涉及提出理念、设计、生产、应用和反思调整等方面，而且，教育人工智能的运行包含有组织的分工，参与者不局限于承担教学工作的教师，还有教育管理

① JONAS H. The imperative of responsibility: in search of an ethics for the technological age[M]. Chicago: University of Chicago Press, 1984.

者、人工智能设计者、学生等多个主体。有学者指出,技术时代的责任不再是以个体伦理为基础的责任,因为技术活动的主题不再是单独的个体,甚至不局限于人,而应当是机制责任、集体责任。考虑到当前一般教育现象与技术交织的复杂后果,个人战略决策的责任很难由个人承担,而是应考虑其社会关系并从关护责任出发。从技术发展历程来看,技术应用似乎回避了基于关护责任的决策和行动意愿。从技术与个体交互的角度来看,人工智能与人类均属于教育人工智能场域下的责任主体,责任主体之间的有效互动不仅需要明确基本的角色、规范与计划,也需要切实考虑关护责任在不同责任主体交互过程中的具体体现与落实,助力主体之间围绕教育人工智能风险防范、化解等形成良性的关护责任关系。

第四节　教育人工智能风险治理的责任伦理困境

教育系统逐步趋向于适应技术时代要求,并逐步在教育教学领域引入人工智能等技术成为一种热点。然而,人工智能促使教育创新发展的同时也面临若干风险,例如数据泄露、公共安全、恶意竞争等,这些问题都会严重阻碍教育的有序发展。技术中潜在的伦理问题影响着教育人工智能的发展,技术思维与育人价值的碰撞引发了多重责任伦理困境。基于对教育人工智能风险治理的责任伦理框架的探讨,本节从教育主体功能遭遇技术禁锢、数据智能凌驾于契约精神、治理制度设计与伦理关怀相脱钩、师生互动与情感诉求缺乏人文关怀等角度对教育人工智能风险治理的责任伦理困境进行研讨。

一、教育主体功能遭遇技术禁锢

在责任伦理学中,为了维护社会的稳定和公正,应确保社会角色遵守既定的社会规范和自然规律。然而,教育人工智能的高速发展给教育领域带来了新的挑战,其可能会破坏现有的教育秩序和角色规范。在教育领域,人工智能可基于性别、家庭、学习成绩、课堂表现,以实现资源配置与精准教学,提高教师、教育管理者的日常工作效率,在优化教学模式、提高教育质量的同时也引发了教育主体角色混乱、权责不明等现象,给教育主体自我认知带来了冲击。首先,从学生角度来说,教育人工智能可能会导致学生主体思维的消解，学生主体性受到智能技术的禁锢与负面影响。智能算法可解构与分析学生的学习成绩、学习习惯、学习重难点，定制化推送较为同质化的教育教学资源，有可能导致学生逐渐依赖教育人工智能的算法，进而导致学生逐渐缺乏自主学习与探究性学习的意愿。其次，从教师角度来说，教育人工智能可在一定程度上取代一些机械性、重复性工作，例如批改作业等事务，同时教育人工智能可实时监测学生课堂状态、具身行为，进而有助于减轻教师工作负担。然而，伴随部分教师职业责任与角色被智能技术承担，许多教师由于自身智能教育综合素养的缺失，会形成一定程度的人工智能依赖，教师教学的艺术性、主体性、自主性、创造性可能受到智能算法的负面干扰，其扮演的教学引导者与教学权威角色逐步异化，也可能出现自我职业认同层面的角色危机。最后，从教育管理者角度来说，教育人工智能有助于推动基于大数据的教育决策咨询服务机制优化，进而可能对教育管理者的教育决策产生影响。基于智能技术的数据分析与决策建议的可接受程度仍然存疑，如果一味偏信教育人工智能的推演很可能在决策制定与管理实施中出现偏差，在教育人工智能风险治理方面存在顾此失彼、机械呆板的现象，违背了智能技术引入教育教学领域的初衷。

二、数据智能凌驾于契约精神

人工智能所需的数据通常是高度个人化的，若用于评估学生表现，数据安全性可能成为数据智能释放的瓶颈。在教育人工智能系统中，教师教的行为、学生学的行为、教学交流平台、学生个人基本信息、学籍档案、学习资源库等，均可采用数字化形式进行数据表征，然后通过智能系统集中收集、加工、整理。由于人工智能易受数据运算干扰，受利益驱使泄露隐私数据等现象时常发生。人工智能场域下的数据管理面临数据智能凌驾于契约精神的现实问题。其一，责任主体契约精神的缺失。在人工智能场域下，教师、学生、家长、教育管理者等责任主体应当在平等的状态下开展教育教学活动，智能化教育教学活动应向学生、家长开放，而不是一味听从教师、教育管理者的安排。数据收集影响学生、教师和家长在内的各种利益相关者的合法权益，例如隐私权和信息权。然而，使用教育数据的权限通常仅属于教育管理员、人工智能研究人员和设计人员，这造成了权利和责任的不平衡局面，并导致数据管理的使用和所有权失衡。其二，智能算法僭越教育行为主体的个性化。人工智能通过算法构建责任主体的数据画像,解构学生主体进行数据生成的过程很可能在学生或教师不知情的情况下发生,容易出现学生主体的能动性被动受算法主导的问题,同时由于支持数据挖掘的模型的许多特性、度量和分析结构均是由其设计者选择的,此类技术可能会复制设计者的先入之见和偏见,进而会在一定程度导致智能技术侵犯主体的合法权益、侵占主体个性化的表达空间等问题频发,从而违背以契约价值为基准的科技责任,导致数据智能凌驾于契约精神。

三、治理制度设计与伦理关怀相脱钩

前瞻责任要求行为主体不只为自己的行为负责,还要为社会的发展负责,对顶层设计与制度建设提出了更高层次的需求。针对国内出现的人工风险治理问题,不少机构或者部门出台了相应的人工智能治理准则,为今后人工智能风险治理提供导向。然而,教育领域并不等同于工商业等领域,其具有育人层面的特殊性,尽管已有不少关于人工智能伦理原则的畅想与建议,但教育人工智能风险治理相关的制度设计在伦理体系构建方面依然存在明显欠缺。人工智能发展迅速,影响深远,这是人们始料未及的。伦理规范的形成存在一定的迟滞性。一方面,教育人工智能风险预警制度设计需要致力于伦理规范行为,树立责任意识,引导师生规避风险。目前,伦理建设与预警规划存在脱节现象,教育人工智能责任行为缺少伦理意识的指引与伦理准则的约束,教育人工智能风险预警在伦理关怀方面并未有效凸显前瞻性,这在一定程度导致很难尽早发现教育领域人工智能开发与应用的可能性风险,预先设置应急处理方案存在困难。另一方面,人工智能的责任归属问题治理缺乏前瞻性政策指引。当教师、学生、家长等群体受到智能决策系统影响时,会自然被动地向数据管理者开放隐私,随之可能会出现这样的情况:由于人工智能系统的自动化代替了以前完全由负责人代理完成的认知功能,一旦数据泄露,很难直接追究各方的责任。且由于人工智能系统的设计、生产和实施过程的复杂性和分布性,很难确定责任方,若缺乏相关法律或决策对于人工智能导致后果的责任归属问题进行界定,可能会使算法生成结果中责任的界定复杂化,导致人工智能的教育应用受到伦理质疑。

四、师生互动与情感诉求缺乏人文关怀

人工智能助力个人体验和个性化服务改善的能力有望极大地促进教育变革、优化教学方式、减轻教师负担，但这一教育优势也伴随着潜在的风险，尤其在师生互动与学生情感需求方面的减少，造成了责任主体的情感疏离或孤立。一方面，师生互动需求减少导致危机的出现。有序而有凝聚力的师生关系应建立在信任、同理心和相互理解的基础之上，有效互动则是构建师生关系的基石。在人工智能的影响下，教育活动过度自动化的一个潜在后果是教育主体之间互动的减少。利用智能算法来促进超个性化的人机交互，可能会导致教育者和学生在世界观、人生观和价值观等价值领域进行互动的过程中产生疏离感。若学生过度受人工智能数据的引导、算法的影响，一味追求个性化、多样化、主体化，忽视与教师的互动交流，人机交往代替师生互动成为学生获取知识、自主学习的主要途径，不仅会导致师生互动需求的减少，还会导致学生过度依赖及迷恋人工智能。另一方面，师生情感诉求的疏离风险。教育人工智能责任主体已不局限于不同身份的人，人工智能本身也可作为具有情感寄托功能的责任主体，情感责任的表达与转化对于重塑良性的师生关系具有重要作用。来自学生与教师合乎道德的情感反应可以增强人与人工智能的互动①，情绪反应的触发有助于人工智能与学生进行模拟人类的沟通。人工智能通过大数据计算与预测学生的兴趣偏向，易压制学生内心的真实想法，若学生长期通过人工智能进行沟通，缺乏家长、教师的情感引导，其情感态度与价值观难以正确树立。对于教师而言，智能技术在一定程度上有利于重构教育空间、重塑教育生态，也在一定程度推动传统的教者与学者的关系向复杂化、多元化发展。若教师缺乏对人工智能正确的感知态度与责任意识，导致教师职业倦怠、产生职业心理健康问题，教师育人的幸福感缺失且人工智能焦虑感可能随之骤增。

---

① YU H, SHEN Z, MIAO C, et al. Building ethics into artificial intelligence[J]. Artificial intelligence, 2018(7): 5527-5533.

第五节　责任伦理视域下教育人工智能风险治理路径

当前,人工智能的飞速发展加深了人们的技术隐忧,教育领域的智能技术更是引发了诸多伦理思考与情感忧虑,例如教师的角色是否会被人工智能代替、教育相关部门制定的政策是否会被数据智能架空等。发展负责任的教育人工智能是对人工智能与教育教学和谐共处的期望,也是对教育人工智能风险治理提出的现实要求。在责任伦理视域下,极有必要审视当前风险治理的困境,提出契合教育人工智能风险治理的路径,以便为人机和谐的未来智能教育模式构建提供现实参照。因此,本节基于对教育人工智能风险治理的责任伦理困境分析,阐述责任伦理视域下教育人工智能风险治理的路径。教育人工智能风险治理的责任伦理困境与治理路径见图 9-3。

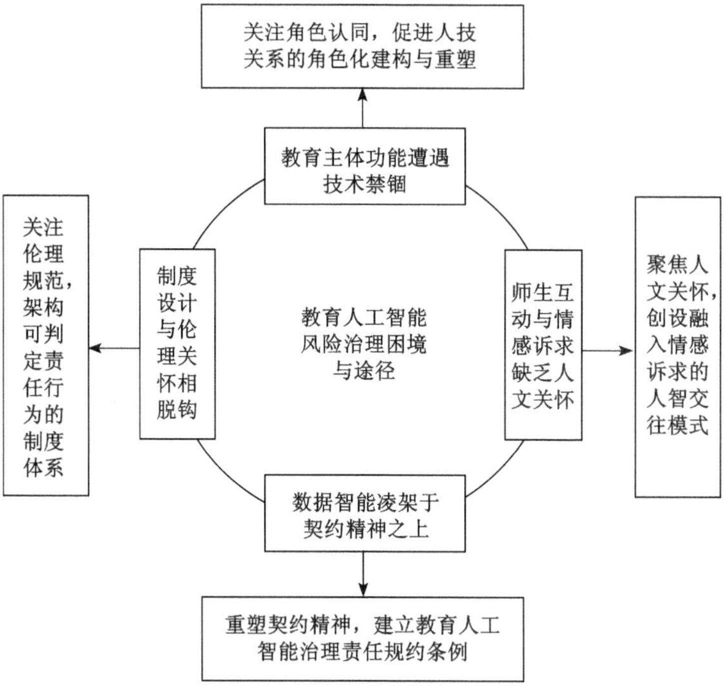

图 9-3　教育人工智能风险治理的责任伦理困境与治理路径

一、关注角色认同，促进人技关系的角色化建构与重塑

教育人工智能风险的有效治理需要一种系统的角色分配和风险管理方法。应采用公平和科学的方法，确保适当分配风险治理角色，促进教育人工智能风险治理体系的平稳运行。面对教育人工智能风险治理所出现的角色混乱现象，教育主体应增强角色认同感，以解决自我身份感的缺失与归属感的困惑，促进人技关系的角色化建构与重塑。首先，在学生角色认同方面，学生应当学会自主学习，实现个性化自适应学习，对碎片化学习资源、非结构化信息进行有效整合，发挥学生的主体性，实现对知识的主动加工与建构，丰富学生角色的责任内涵。其次，在教师的角色认同方面，教师应在教学工作中找寻自我、发现自我，通过自我建构角色认同使教学行为对学生负责。在教育人工智能场域中，教师应当合理利用智能数据分析，根据学生的行为模型观察学生的学习特征与学习需求，个性化指导学生发展，同时教师也应充当学习者与技术领导者的角色，充分提升自身智能教育素养、数据素养以及数字化胜任力，加强对智能技术与教育教学整合的理解与反思，发挥教师在智能教育发展中的技术领导角色。最后，教育管理者应扮演好管理者的角色，针对性收集、共享智能数据，实现基于证据的教育决策与管理，着力于利用智能算法对教育资源进行公平配置和个性化供应，避免出现智能算法偏见与歧视等伦理风险。

二、重塑契约精神，建立教育人工智能治理责任规约条例

从契约精神层面来看，可通过规约条例引导教育人工智能风险治理，进而规范数据智能的价值释放过程。在教育人工智能场域，数据信息扮演着越来越重要的角色，其涵盖的信息量不只局限于学生的考试成绩、作业等第，也有较多经数字化处理的非结构化信息（例如家长的受教育程度、学生课堂反馈等）。智能技术虽然优化了教育数据管理，但是数据收集面临侵犯数据提供者合法权益的风险，数据使用面临智能算法僭越教育主体性的风险。为此，数据风险的消解极有必要重塑契约精神，建立教育人工智能治理责任规约条例。首先，关注契约精神，加强对师生等人数据责任意识的培养。在应对人工智能的数据安全威胁时，数据提供者（例如教师、家长等）应树立个人数据安全的保护意识，加强责任担当。数据收集应当征求责任主

体的同意，制定规约条例，切实保护其隐私权、知情权等合法权益，契约精神的树立需要以权益和法律为责任底线进行保障。其次，在数据使用过程中，人工智能算法设计的重要性得以体现，应以考虑到学生、教师、家长的多方诉求的设计来取代以设计者为单一尺度的传统智能算法设计。通过契约精神制定设计参与者共同遵循的智能算法设计、开发与应用方案，规范算法设计、算法推荐、算法数据的传播。

三、关注伦理规范，架构可判定责任行为的制度体系

从责任伦理的未来目标出发，教育人工智能风险治理应关注伦理规范，法律决策制定应当优先于实际发展需求。责任归属的识别与认定是确定责任行为的教育人工智能伦理风险治理系统的关键部分，这对于架构可判定责任行为的制度体系至关重要。然而，学界对教育人工智能风险治理中责任行为的探讨在一定程度上忽视了伦理规范的价值。因此，可建立教育人工智能风险治理的伦理规范，架构可判定责任行为的制度体系。其一，构建教育人工智能责任伦理规则，厘定教育人工智能风险治理主体间的责任范围与责任底线。目前智能系统的主体身份依然存疑，若人工智能在教育场域下被承认主体身份，学生无法判断是否应当将其视作承担教学责任的“教师”。政府层面可尝试制定教育人工智能责任监管体系，在人与智能技术和谐互动的前提下制定教育人工智能风险问责标准，在风险治理中体现法治价值与意识。教育人工智能风险治理主体应积极参与相应的责任伦理教育，避免相关治理人员缺乏伦理道德素养与责任身份意识。其二，完善教育人工智能风险评估制度体系。政府制定风险预估的机制范式，做到“事前预警”，仅凭政府的政策难以全覆盖实践中的诸多问题，社会、学校、家庭等风险治理主体应提高风险预警与化解能力，着力于构建基于证据的教育人工智能监测体系，明确教育人工智能风险的产生来源与责任归属。其三，架构具有前瞻性的教育人工智能责任行为问责体系。我国目前已从国家层面制定多项人工智能发展规范，推动人工智能风险治理的理论与实践研究向常态化、机制化发展，但部分地方教育管理部门对于教育人工智能风险治理依然较为缺乏风险监管与问责机制。因此，需要厘定教育人工智能风险的责任主体权责，以法律规范人工智能及其设计者的行为归责机制，制定可判定责任行为的制度，明晰风险治理的权责界定，健

全教育人工智能风险治理制度体系，使人工智能与教育教学的深度融合回归育人本位。

四、聚焦人文关怀，创设融入情感诉求的人智交往模式

人文价值是当今智能社会风险治理的时代呼唤，然而当前研究对于情感诉求的关怀较为有限。作为机器的高级存在形式，人工智能自身并不具备承担责任的能力，因此，各个参与教育人工智能活动的主体应在风险治理中加强合作与联系，例如教师与学生同为教育人工智能的责任主体，类似于父母责任范式，应体现关护性的特质。人工智能在近几年取得了惊人的进步，但计算机仍然不能表现出孩童般的常识或情感诉求。由此可见，教育人工智能难以满足学生的情感交流与诉求，亟须聚焦人文关怀，创设融入情感诉求的交往模式。首先，在教育人工智能的风险治理中回归教育本质，避免算法对教师、学生思想的牵制，体现教育的育人价值。在人工智能场域下，教师应以良性引导助力学生价值观的树立，强化学生主体良知，增强主体的外在教化与熏陶。课程内容应体现人文价值①，确保学生价值观的正确塑造与健康发展。其次，教育人工智能风险治理应关注师生的情感诉求。从学生角度来说，加强智能教育场域下学生与教师间的情感连接，以确保智能技术在师生关系中的介入不会对情感诉求的满足造成障碍，重视情感责任主体的发展与互动，通过教师的引导与基于智能技术的情感识别，鼓励学习者进行伦理道德建设并开展向善的技术使用行为。此外，从教师角度而言，教师的职业技术焦虑将成为影响教师未来专业发展的重要因素。因此，应监测教师的职业倦怠和心理健康状况，同时应消解其由于人工智能教育应用而产生的技术焦虑与技术恐惧。智能技术的教育应用应当关注责任伦理的边界和尺度。无论是基于技术的风险治理，还是针对技术的风险治理，在技术风险治理中应及时关注师生等人的情感与情绪变化轨迹，避免对师生等人身心发展带来负面情绪的干扰，以审视与批判的态度看待个体与人工智能的互动。

---

① 李政涛.人工智能时代的人文主义教育宣言：解读《反思教育：向“全球共同利益”的理念转变》[J].现代远程教育研究，2017(5)：3-11.

第六节 小　结

在智能时代，人工智能已经成为现代教育创新发展的必要工具和向导。从风险治理来看，人工智能不能再被简单物化，它已经成了智能化的产物，对人的知识技能、情感与价值观可产生深远影响。针对教育人工智能风险治理，技术、道德、法律层面已受到足够的关注，但伦理层面的思考更多是从道德伦理和制度伦理的伦理向度出发，提出相应的解决路径。作为智能时代全新的伦理向度，责任伦理视域下教育人工智能风险治理的基本向度与理论体系亟待进一步挖掘与建构。由此，本章以发展负责任的人工智能为起点，尝试通过责任伦理架构全新的伦理风险治理框架，以期为教育人工智能风险问题的合理消解提供理论参照。从价值抉择而言，教育人工智能蕴含的责任价值与伦理价值，在一定程度上促使责任伦理成为教育人工智能风险治理的路径。未来教育人工智能的合规化发展不仅需注重硬件设施、软件资源、人文资源等的合理铺设与架构，而且，也应关注人与技术、人与人之间伦理关系失范所导致的风险性问题，如何负责任地基于学校差异、区域差异有针对性地设计与制定教育人工智能风险治理指南，尚待进一步探索。如何在教育人工智能风险治理过程中融入责任诉求，转化与重塑人技关系，借力技术、道德与法律的支撑，将责任伦理渗透于教育人工智能风险治理的实践框架，对于今后的治理极具现实指导意义与未来指向价值。

参考文献

REFERENCES

[1] 曹晓明."智能+"校园:教育信息化2.0视域下的学校发展新样态[J].远程教育杂志,2018,36(4):57-68.

[2] 陈雷."人工智能+教师教育"生态系统的初步探究[J].现代教育技术,2019,29(9):13-18.

[3] 陈琳,王蔚,李佩佩,等.智慧校园的智慧本质探讨:兼论智慧校园"智慧缺失"及建设策略[J].远程教育杂志,2016,34(4):17-24.

[4] 陈全真.智能机器人权利存在的由因及对策[J].贵州师范大学学报(社会科学版),2019(3):144-151.

[5] 陈思.算法治理:智能社会技术异化的风险及应对[J].湖北大学学报(哲学社会科学版),2020,47(1):158-165.

[6] 陈晓珊.人工智能时代重新反思教育的本质[J].现代教育技术,2018,28(1):31-37.

[7] 程东峰.责任伦理导论[M].北京:人民出版社,2010.

[8] 邓国民,李梅.教育人工智能伦理问题与伦理原则探讨[J].电化教育研究,2020,41(6):39-45.

[9] 邓小平.邓小平文选:第二卷[M].北京:人民出版社,1994.

[10] 董军,程昊.大数据技术的伦理风险及其控制:基于国内大数据伦理问题研究的分析[J].自然辩证法研究,2017,33(11):80-85.

[11] 董晓辉.活动理论视角下高校教育数据治理体系构成要素研究[J].中国电化教育,2021(3):79-87.

[12] 董晓辉,郑小斌,彭义平.高校教育大数据治理的框架设计与实施[J].

中国电化教育,2019(8):63-71.
[13] 杜静,黄荣怀,李政璇,等.智能教育时代下人工智能伦理的内涵与建构原则[J].电化教育研究,2019,40(7):21-29.
[14] 杜玉霞.中国教师教育信息化政策的演进与特点[J].电化教育研究,2013,34(8):34-41.
[15] 范国睿.智能时代的教师角色[J].教育发展研究,2018,38(10):69-74.
[16] 冯锐,孙佳晶,孙发勤.人工智能在教育应用中的伦理风险与理性抉择[J].远程教育杂志,2020,38(3):47-54.
[17] 顾佳妮,杨现民,郑旭东,等.数据驱动学校治理现代化的逻辑框架与实践探索[J].现代远程教育研究,2020,32(5):25-34.
[18] 顾明远,圣吉,周作宇,等.未来的教育:我们如何迈向新的时代:顾明远与彼得·圣吉凝聚东西方智慧的跨界对话[J].比较教育研究,2016,38(1):1-6.
[19] 顾小清,杜华,彭红超,等.智慧教育的理论框架、实践路径、发展脉络及未来图景[J].华东师范大学学报(教育科学版),2021,39(8):20-32.
[20] 管益杰,王昌海,董奇.教师的计算机焦虑及其对教育技术应用的影响[J].现代教育技术,2006,16(6):23-26.
[21] 胡伟.人工智能时代的教育改革:背景、方向与路径:基于美国人工智能报告的分析[J].现代教育技术,2019,29(7):12-17.
[22] 胡伟.人工智能时代教师的角色困境及行动策略[J].现代大学教育,2019(5):79-84.
[23] 黄荣怀,张进宝,胡永斌,等.智慧校园:数字校园发展的必然趋势[J].开放教育研究,2012,18(4):12-17.
[24] 黄正华.正当与善:优先性问题的问题[J].伦理学研究,2012(4):11-15.
[25] 惠志斌,李佳.人工智能时代公共安全风险治理[M].上海:上海社会科学院出版社,2021.
[26] 蒋成飞,朱德全.大数据时代本科教学评估数据治理:逻辑与路向[J].高等工程教育研究,2019(6):99-105,124.
[27] 蒋洁.复杂数据探勘的道德风险与规训机制[J].图书与情报,2016(6):77-82.

[28] 李建伟,苏占玖,黄赟茹.基于大数据学习分析的在线学习风险预测研究[J].现代教育技术,2018,28(8):78-84.

[29] 李文淑.教育人工智能(EAI)对学习机制的影响[J].现代教育管理,2018(8):119-123.

[30] 李政涛.人工智能时代的人文主义教育宣言:解读《反思教育:向"全球共同利益"的理念转变》[J].现代远程教育研究,2017(5):3-11.

[31] 刘斌.人工智能时代教师的智能教育素养探究[J].现代教育技术,2020,30(11):12-18.

[32] 刘成新,邹建梅.教师信息化焦虑问题调查分析[J].电化教育研究,2005(5):42-46.

[33] 刘三女牙,杨宗凯,李卿.教育数据伦理:大数据时代教育的新挑战[J].教育研究,2017(4):15-20.

[34] 吕恺悦,孙众."人工智能+教师教育"的现状、动态与问题[J].现代教育技术,2019,29(11):114-120.

[35] 罗俊.计算社会科学与人工智能[J].贵州师范大学学报(社会科学版),2016(6):40-42.

[36] 戚万学,谢娟.教育大数据的伦理诉求及其实现[J].教育研究,2019,40(7):26-35.

[37] 沈苑,汪琼.人工智能教育应用的偏见风险分析与治理[J].电化教育研究,2021,42(8):12-18.

[38] 宋苏轩,杨现民,宋子强.智能时代高校数据中心的新内涵及其体系架构[J].现代教育技术,2020,30(7):81-88.

[39] 谭九生,杨建武.人工智能技术的伦理风险及其协同治理[J].中国行政管理,2019(10):44-50.

[40] 谭维智.人工智能教育应用的算法风险[J].开放教育研究,2019,25(6):20-30.

[41] 王海涛,李润洲.人学视野的教师焦虑[J].中国教育学刊,2011(12):17-20.

[42] 王嘉毅,鲁子箫.规避伦理风险:智能时代教育回归原点的中国智慧[J].教育研究,2020,41(2):47-60.

[43] 王娟,杨现民,郑浩,等.大数据时代教育政务数据开放的风险分析及防

控策略研究[J]. 中国电化教育,2020(6):95-103.

[44] 王正青,但金凤. 大数据时代教育大数据治理架构与关键领域:以美国肯塔基州、华盛顿州与马里兰州为例[J]. 现代教育技术,2019,29(2):5-11.

[45] 王正青,但金凤. 如何构建教育数据治理体系:美国肯塔基州的成功经验[J]. 现代远程教育研究,2021(1):77-86.

[46] 赵磊磊,张黎,代蕊华. 教育人工智能伦理:基本向度与风险消解[J]. 现代远距离教育,2021(5):73-80.

[47] 朱龙. 人工智能时代教师教育创新发展路径与趋势研究[J]. 数字教育,2020,6(3):16-20.

[48] AUHAGEN A E,BIERHOFF H W. Responsibility:the many faces of a social phenomenon [M]. New York:Routledge Press,2002.

[49] BORENSTEIN J,HOWARD A. Emerging challenges in AI and the need for AI ethics education[J]. AI and ethics,2021(1):61-65.

[50] BOZIONELOS N. The relationship of instrumental and expressive traits with computer anxiety[J]. Personality & individual differences,2001,31(6):955-974.

[51] CHOWDHURY M F. Coding, sorting and sifting of qualitative data analysis:debates and discussion[J]. Quality & quantity,2015,49(3):1135-1143.

[52] DE VILLIERS E. An ethics of responsibility for our time:a proposal[J]. Stellenbosch theological journal,2020,6(1):163-184.

[53] DIAKOPOULOS N. Algorithmic accountability:journalistic investigation of computational power structures[J]. Digital journalism,2015,3(3):398-415.

[54] FLORIDI L, COWLS J, BELTRAMETTI M, et al. AI4People: an ethical framework for a good AI society: opportunities, risks, principles,and recommendations[J]. Minds and machines, 2018, 28: 689-707.

[55] VON GRAFENSTEIN M, WERNICK A, OLK C. Data governance: enhancing innovation and protecting against its risks[J]. Intereconomics, 2019,54(4):228-232.

[56] HOLSTEIN K, MCLAREN B M, ALEVEN V. Student learning benefits of a mixed-reality teacher awareness tool in AI-enhanced classrooms[C]//PENSTEIN ROSÉ C, MARTÍNEZ-MALDONADO R, ROSE LUCKIN H. U H, et al. Artificial intelligence in education: 19th international conference, AIED 2018, London, UK, June 27-30, 2018, proceedings, part I. Cham: Springer International Publishing, 2018:154-168.

[57] HUR B, HARDEFELDT L Y, VERSPOOR K, et al. Using natural language processing and VetCompass to understand antimicrobial usage patterns in Australia[J]. Australian veterinary journal, 2019, 97(8):298-300.

[58] JOHNSON D G, VERDICCHIO M. Reframing AI discourse[J]. Minds and machines, 2017, 27(4):575-590.

[59] LI J, HUANG J S. Dimensions of artificial intelligence anxiety based on the integrated fear acquisition theory[J]. Technology in society, 2020, 63:1-10.

[60] LÓPEZ-BONILLA J M, LÓPEZ-BONILLA L M. Validation of an information technology anxiety scale in undergraduates[J]. British journal of educational technology, 2012, 43(2):E56-E58.

[61] LUCCIONI A, BENGIO Y. On the morality of artificial intelligence[J]. IEEE technology and society magazine, 2020, 39(1):16-25.

[62] LUCKIN R, HOLMES W. Intelligence unleashed: an argument for AI in education[R]. London: Pearson, 2016.

[63] NAYIR K F, CINKIR S. The roles of teachers: comparing Turkey and Ireland[J]. The anthropologist, 2015, 20(1/2):1-12.

[64] NERSESSIAN D. The law and ethics of big data analytics: a new role for international human rights in the search for global standards[J]. Business horizons, 2018, 61(6):845-854.

[65] NISSAN E. Digital technologies and artificial intelligence's present and foreseeable impact on lawyering, judging, policing and law enforcement[J]. AI & society, 2017, 32(3):441-464.

[66] POPENICI S A D, KERR S. Exploring the impact of artificial intelligence on teaching and learning in higher education[J]. Research and practice in technology enhanced learning,2017,12(1):1-13.

[67] RUBEL A,JONES K M L. Student privacy in learning analytics: an information ethics perspective [J]. The information society, 2016, 32(2):143-159.

[68] SAUGMANN R,MÖLLER F,BELLMER R. Seeing like a surveillance agency? Sensor realism as aesthetic critique of visual data governance[J]. Information,communication & society,2020,23(14): 1996-2013.

[69] TEO T, HUANG F, HOI C K W. Explicating the influences that explain intention to use technology among English teachers in China[J]. Interactive learning environments,2018,26(4):460-475.

[70] VALTER P, LINDGREN P, PRASAD R. The consequences of artificial intelligence and deep learning in a world of persuasive business models[J]. IEEE aerospace and electronic systems magazine, 2018,33(5/6):80-88.

[71] VAN DE POEL I. Embedding values in artificial intelligence (AI) systems[J]. Minds and machines,2020,30(3):385-409.

[72] WANG Y Y,WANG Y S. Development and validation of an artificial intelligence anxiety scale:an initial application in predicting motivated learning behavior[J]. Interactive learning environments,2022,30(4): 619-634.

[73] YANOSKY R, ARROWAY P. The analytics landscape in higher education:2015[R]. Louisville,CO:EDUCAUSE,2015.

[74] YU H, SHEN Z, MIAO C, et al. Building ethics into artificial intelligence[J]. Artificial intelligence,2018(7):5527-5533.